봄다방의 큐트 클레이 소꿉놀이

봄다방 김민정 지음

슬로래빗

클레이 아트 준비물
무엇을 준비할까요?

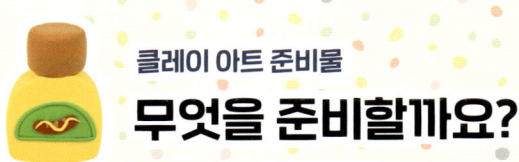

준비물

칼라클레이 ^{필수} 기본 5색(빨간색, 노란색, 파란색, 흰색, 검은색)으로 준비하면 됩니다. 흰색이 가장 많이 쓰이며, 노란색이 그다음으로 많이 쓰이니 분량을 조절하여 준비해 주세요.

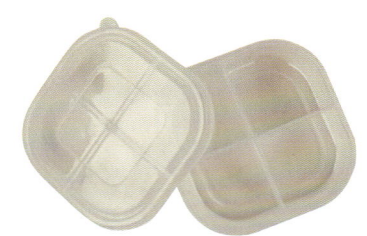

클레이 보관통 ^{필수} 클레이를 보관하는 용도이지만, 밀폐 용기라 해도 조금씩 공기가 통하여 클레이가 굳거나 습기가 찰 수 있어요. 클레이가 처음 담겨 있었던 지퍼백이나 용기에 잘 밀봉해 보관하는 게 가장 좋습니다. 보관통은 당일 사용할 양을 덜어서 담아 두는 용도로 사용해 주세요.

조형 도구 ^{필수} 구성 개수에 따라 3조 도구, 5조 도구, 7조 도구, 16조 도구 등 종류가 아주 다양하지만, 흔히 많이 쓰는 것은 5조 도구입니다. 제조사에 따라 5조 도구의 구성이 조금씩 다른데, 클레이를 자르거나 클레이에 자국을 낼 때 필요한 칼 도구, 작은 구멍을 내거나 거친 질감을 표현할 때 필요한 송곳, 주름을 잡을 때 필요한 꽃 밀대가 포함된 것으로 준비해 주세요! 송곳이나 꽃 밀대 대신 이쑤시개를 사용해도 됩니다.

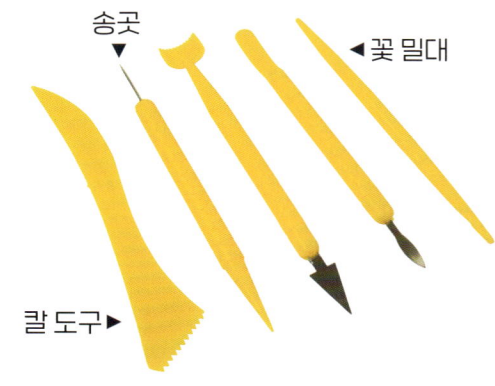

송곳 ▼   ◀ 꽃 밀대
칼 도구 ▶

도트봉(볼툴) ^{필수} 클레이에 홈을 내거나 돌출되지 않고 자연스럽게 클레이를 붙이고 싶을 때 필요한 도구입니다. 이 책에서는 주방 도구의 움푹 들어간 면을 표현할 때도 많이 사용해요. 도트봉이 없으면 붓이나 둥근 젓가락의 윗부분을 이용하세요.

밀대 ^{필수} 클레이를 납작하거나 얇게 밀 때 사용합니다. 얇게 밀 때는 클레이가 달라붙기 쉬우니 밀대에 오일을 살짝 바르면 좋아요.

가위 ^{필수} 클레이를 깨끗하게 자를 때도 필요하고, 가위집을 내는 등 섬세한 표현에도 사용합니다.

피자커터(둥근 칼) ^{필수} 가위로 면적이 넓은 클레이를 반듯하게 자르기는 어렵습니다. 그럴 때 둥근 칼이 달린 피자커터가 유용해요!

빨대 빨대를 그대로 사용하거나 단면을 반으로 잘라서 무늬를 낼 때 사용해요. 음료수 빨대, 요구르트 빨대, 커피 빨대 등 다양한 크기의 빨대를 준비해 놓으면 유용합니다.

붓과 파스텔 파스텔을 종이에 쓱쓱 칠하면 가루가 생겨요. 이 가루를 붓끝에 묻혀서 채색하면 더욱 입체감 있는 작품을 만들 수 있답니다. 섬세한 표현에는 아크릴 물감을 사용하기도 해요.

솔 도구(곰보솔) 클레이 위를 두드려 거친 질감을 표현할 때 사용해요. 솔 도구 대신 칫솔을 사용해도 괜찮습니다.

쿠키커터 쿠키커터를 이용하면 클레이를 원하는 모양으로 예쁘게 찍어 낼 수 있어요. 이 책에서는 둥근 쿠키커터와 물결 무늬 쿠키커터를 주로 사용합니다.

오일 쿠키커터, 밀대, 이쑤시개 등의 도구에 오일을 소량 바른 후 사용하면 클레이가 달라붙는 것을 방지할 수 있습니다. 클레이 색이 변하지 않도록 반드시 무색 오일로 준비하세요!

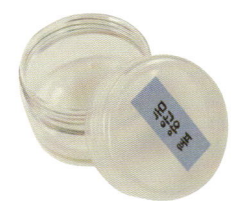

목공풀 이 책에서는 이쑤시개, 자석 등의 부재료에 클레이 작품을 붙여서 토핑놀이를 할 때 사용합니다. 또한, 액체의 흐르는 듯한 질감을 표현할 때도 목공풀에 물감을 섞어 이용한답니다.

바니쉬 직사광선이나 먼지로부터 작품을 보호할 때 사용합니다. 주로 붓에 묻혀 칠하지만, 붓 자국이 남지 않게 하려면 작품을 바니쉬에 담갔다가 빼는 것도 좋은 방법이에요. 그로스 바니쉬는 유리처럼 반짝거리고, 매트 바니쉬는 광이 약해 플라스틱 느낌이 나니 취향에 따라 선택합니다. 단, 클레이 특유의 지우개 같은 질감은 사라지니 꼭 필요할 때만 사용하세요!

클레이판 책상 위에서 작업하면 클레이가 책상에 달라붙을 수 있어요. 덥고 습도가 높은 여름에는 겨울에 비해 클레이가 더 끈적끈적해진답니다. 클레이판 혹은 넌스틱 보드를 깔고 작업하거나, 없으면 종이호일을 사용하면 됩니다.

이쑤시개와 자석 이쑤시개와 자석을 이용하여 토핑 재료를 만들면 [Part 5. 토핑놀이]처럼 클레이 작품을 장난감으로 만들어 놀 수 있어요. 이쑤시개와 자석을 붙일 때는 목공풀이 필요하니 함께 준비해 주세요!

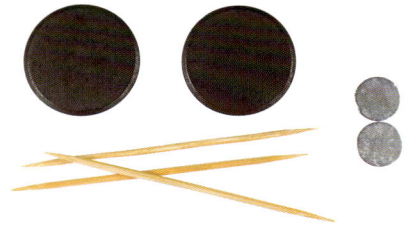

여기서 소개한 재료들은 공예 전문 쇼핑몰 파스텔크래프트(www.pastelclay.com)에서 구할 수 있어요.

클레이 반죽법 3가지
반죽법만 달라져도 다른 작품이 탄생한다!

반죽법

같은 색을 섞어도 섞는 방법에 따라 다양하게 표현됩니다. 아래 사진과 같이 빨강과 노랑을 기본 혼합 방법으로 섞으면 주황색의 단색이 나오지만, 하프 믹스 방법으로는 말 그대로 빨강과 노랑이 거칠게 나타납니다. 그라데이션에서는 빨강에 노랑이 묻어나는 느낌을 낼 수 있지요. 이처럼 색상 혼합의 다양한 기법을 알면 정말 멋진 클레이 작품을 만들 수 있답니다.

믹스 　　하프 믹스 　　그라데이션

믹스(기본 혼합)

1 혼합할 색의 원형을 붙여 한 덩어리로 만들어요.

2 덩어리를 양손으로 살포시 쥐어요.

3 손가락에 힘을 빼고 짧게 늘려 줍니다.

4 그대로 반으로 접어요.

  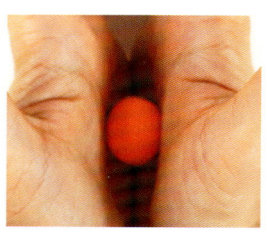 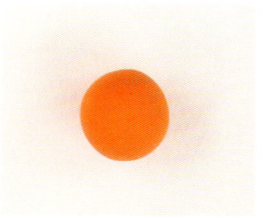

5 다시 쭉 늘려 주세요.

6 그대로 반으로 접어요.

7 계속 반복하여 하나의 색이 되면 동그랗게 뭉쳐요.

8 새로운 색이 만들어졌습니다.

하프 믹스

1 하프 믹스할 색의 원형을 준비해요.

2 서로 붙여 한 덩어리로 만들어요.

3 양손으로 살포시 쥐어요.

4 손가락에 힘을 빼고 짧게 늘려 줍니다.

5 그대로 반으로 접어요.

6 옆으로 늘렸다 반으로 접었다를 반복하면 무늬가 올라와요.

7 원하는 무늬가 나오면 동그랗게 뭉쳐요.

8 하프 믹스를 완성합니다.

그라데이션

1 그라데이션할 색의 원형을 납작하게 눌러 줍니다.

2 두 색을 겹쳐 붙이고 다시 한 번 납작하게 눌러요.

3 덩어리 아랫부분에 손가락을 대고 위로 쭉 늘려요.

4 가장자리를 안쪽으로 접어요.

5 납작하게 눌러 편평하게 만들어요.

6 위로 늘렸다 가장자리를 접었다를 반복하면 아래 색이 점점 올라와요.

7 원하는 그라데이션이 표현되면 동그랗게 뭉쳐요.

8 그라데이션이 완성되었습니다.

색상 혼합표와 꿀팁
세상 모든 색을 만들어요!

색상 혼합법

빨간색, 노란색, 파란색, 흰색, 검은색 5가지 기본색만 있으면 세상 모든 색을 만들 수 있어요. 선명하고 화려한 원색 색감부터 화사하고 산뜻한 파스텔 색감까지 원하는 색은 무엇이든지요. 다음 페이지의 색상 혼합 꿀팁을 먼저 숙지한 다음, 색을 한번 만들어 보세요. 작품에서는 더욱 다양한 색감을 사용했으니 작품에 제시된 표를 참고하세요.

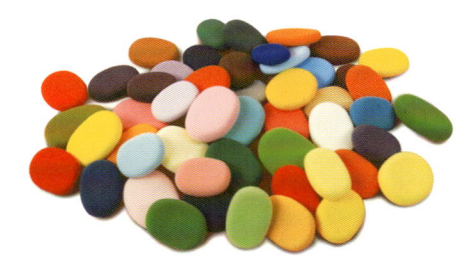

연분홍색	분홍색	진분홍색	연보라색	보라색
흰 9.5 + 빨 0.5	흰 8.5 + 빨 1.5	흰 7 + 빨 3	흰 9 + 빨 0.6 + 파 0.4	빨 6 + 파 4

살구색	연주황색	귤색	주황색	다홍색
흰 9 + 노 0.6 + 빨 0.4	노 9.5 + 빨 0.5	노 9 + 빨 1	노 8 + 빨 2	노 6 + 빨 4

베이지색	황토색	갈색	고동색	흑갈색
흰 9.5 + 노 0.2 + 빨 0.2 + 검 0.1	노 8.5 + 빨 1.2 + 검 0.3	노 7 + 빨 2.5 + 검 0.5	노 5 + 빨 3 + 검 2	노 3.5 + 빨 3.5 + 검 3

우유색	연미색	연노란색	레몬색	진노란색
흰 9.9 + 노 0.1	흰 9.7 + 노 0.3	흰 9 + 노 1	노 6 + 흰 4	노 9.8 + 빨 0.2

연한 색에 진한 색 넣기! 연한 색에 진한 색을 조금씩 추가하면서 원하는 색으로 맞춰 가야 해요. 진한 색에 연한 색을 넣게 되면 나도 모르게 클레이가 눈덩이처럼 커질 수 있답니다.

색 추가는 하나씩만! 3가지 색을 섞어야 할 경우, 2가지 색을 먼저 섞은 다음 나머지 색을 아주 조금씩 넣으며 섞어야 실패할 확률이 줄어들어요.

색이 너무 진하다면? 적당량을 떼어 낸 다음, 밝은색을 넣어 섞도록 합니다.

예쁜 색을 원한다면 흰색과 노란색을 섞어 보세요! 흰색을 섞으면 같은 무지개색도 더욱 부드러워지고, 분홍색이나 하늘색 계열에 노란색을 살짝 섞으면 따뜻한 파스텔 색감을 낼 수 있어요.

예쁜 무지개색

예쁜 파스텔색

기본 도형 만드는 법
어려운 작품도 기본 도형으로부터!

도형 만드는 법

클레이 작품은 원형에서 시작하여 기본 도형을 만들고, 그 도형을 응용하거나 변형시켜서 작품을 완성하게 됩니다. 원형을 비롯한 기본 도형 만들기는 좋은 클레이 작품이 나오기 위한 기본인 동시에 가장 중요한 부분이랍니다. 옷 입기로 말하면 첫 단추를 끼우는 일이지요. 더 쉽고 예쁘게 클레이 작품을 만들고 싶다면, 반드시 도형 만드는 법을 먼저 익혀 주세요!

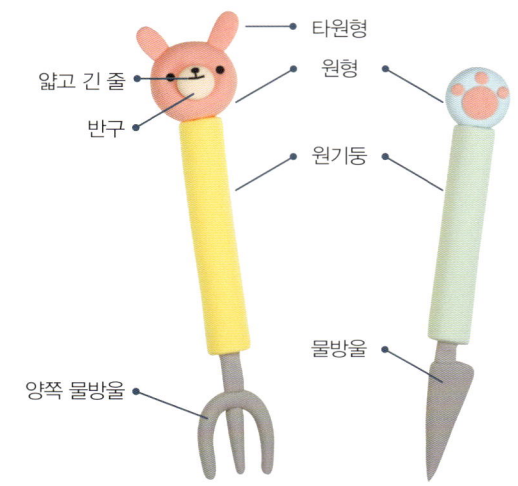

원형

1 클레이를 준비해요.

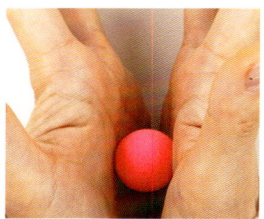

2 손바닥 사이에 클레이를 놓고 힘있게 굴려요.

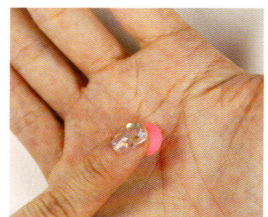

3 작게 만들려면 손바닥 위에 올리고 한 손가락으로 굴려요.

4 주름 없이 예쁜 원형이 완성됩니다.

타원형과 줄

1 원형을 준비해요.

2 원형을 바닥에 놓고 손가락으로 살짝 누르며 밀어 주세요.

3 가로가 긴 타원형이 완성됩니다.

4 타원형을 더 길쭉하게 밀면 줄을 만들 수 있어요.

원기둥

1 원형을 손가락으로 밀어서 타원형을 만들어요.

2 꼬집듯 매만져 바닥은 편평하게 윤곽은 또렷하게 합니다.

3 한쪽 끝이 둥근 원기둥이 만들어졌어요.

4 반대편도 같은 방법으로 만지면 원기둥이 만들어져요.

얇고 긴 줄

1 원형을 손가락으로 밀어서 타원형을 만들어요.

2 양손 엄지와 검지로 타원형을 살포시 잡아요.

3 손에 힘을 빼고 클레이를 양옆으로 쭉 늘려요.

긴 줄 사용법

4 가운데 있는 얇고 긴 줄을 잘라서 코나 입, 글자 등을 세심하게 표현할 때 사용합니다.

물방울

 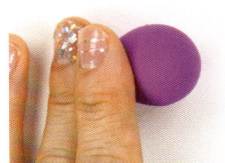 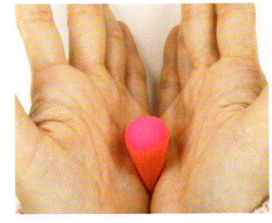 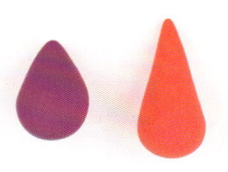

1 원형을 준비해요.

2 원형의 한쪽 끝을 손가락으로 밀어 뾰족하게 만들어요.

3 양손 손날로 원형을 굴리면 더 긴 물방울도 만들 수 있어요.

4 한쪽은 둥글고 한쪽은 뾰족한 물방울 모양이 완성되었어요.

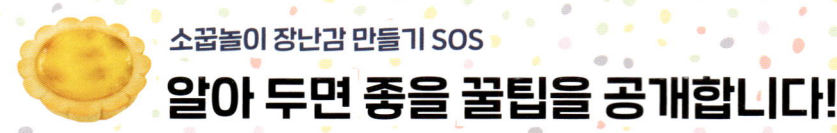

소꿉놀이 장난감 만들기 SOS
알아 두면 좋을 꿀팁을 공개합니다!

Q 클레이가 잘 안 붙어요

작품을 만드는 데 시간이 많이 걸리면, 만드는 도중에 클레이가 말라서 잘 붙지 않는 경우가 종종 있어요. 잘 붙은 줄 알았는데 소꿉놀이 장난감으로 가지고 놀다 보면 떨어져 버리기도 하지요. 이럴 때는 목공풀을 묻혀서 붙여 주세요. 단, 목공풀을 작품에 직접 짜지 말고, 이쑤시개에 목공풀을 소량만 묻혀서 사용해야 해요. 목공풀을 너무 많이 짜서 흘러넘치면, 작품이 지저분해 보일 수 있으니까요.

Q 자석 장난감을 만들고 싶어요

이 책의 124~135p에서 마카롱, 아이스크림, 햄버거, 식빵으로 자석 장난감을 만든 것처럼, 작품의 주요 부분에 자석을 붙여서 말리면 장난감처럼 붙였다 떼며 놀 수 있어요. 다른 작품에도 응용하면 멋진 자석 장난감이 된답니다. 단, 세 가지 주의할 점이 있어요! 첫째, 자석을 작품에 붙일 때는 자석끼리 서로 밀어내지 않도록 자석의 방향을 꼭 확인해야 해요. 둘째, 가지고 놀다가 자석이 떨어지는 경우가 없도록 목공풀로 자석을 단단히 고정해 주세요. 셋째, 자석이 돌출되지 않도록 꾹 눌러 줘야 장난감을 조립했을 때 공간이 비지 않아요.

자석 장난감 만드는 법

Q 액체를 더 생생히 표현하고 싶어요

시럽이나 소스, 음료처럼 특유의 흐르는 듯한 질감을 내야 할 때는 목공풀을 이용합니다. 하얀 목공풀이 마르면 투명하게 바뀌기 때문에, 흰색을 표현하려면 꼭 흰색 물감을 섞어야 해요. 만약 하늘색을 표현하고 싶으면 흰색 물감과 파란색 물감을 함께 넣어 주세요. 목공풀이 마르기 전에는 파란색 물감만 넣어도 하늘색처럼 보이지만, 다 마른 후에는 하늘색이 아닌 파란색이 된답니다.

Q 바니쉬는 어떤 것을 발라야 하나요?

7p의 준비물 설명에서 살펴봤듯이 그로스 바니쉬와 매트 바니쉬는 반짝이는 정도가 달라요. 이 책에서는 달걀프라이(81p)와 에그타르트(107p)에 반짝이는 느낌을 내기 위해 그로스 바니쉬를 사용했고, 팥빙수(112p)의 팥에 윤기를 더하기 위해 매트 바니쉬를 사용했어요. 초콜릿(94~100p)에도 매트 바니쉬를 바르면 좋아요. 초콜릿 특유의 쫀쫀한 느낌을 살릴 수 있답니다.

Q 음식이 주방 도구에 안 들어가요

소꿉놀이 장난감으로 활용하려면 그릇, 냄비 등 주방 도구를 먼저 만드는 게 좋아요. 음식을 먼저 만들면 대체로 크게 만들게 되는데, 그 크기에 맞게 주방 도구를 더 크게 만들기가 어려워요. 작품이 너무 커지면 클레이도 많이 필요할 뿐 아니라 작품 완성도도 떨어진답니다.

Q 정말 장난감처럼 놀 수 있나요?

클레이 작품이 완전히 굳으면 눌러도 움푹 파이지 않을 만큼 단단해져서 장난감처럼 가지고 놀기에도 손색없답니다. 하지만 워낙 가볍고 고무 지우개처럼 탄성 있는 재질이다 보니 플라스틱 장난감과 같은 견고함을 기대할 순 없어요. 숟가락이나 젓가락, 국자 등의 도구는 휠 수 있다는 점을 참고하세요!

Q 보관은 어떻게 해야 하나요?

직사광선을 쐬면 색이 바래므로 직사광선을 피해 보관하고, 먼지가 오래되면 아예 달라붙을 수 있으니 가끔씩 후후 불어서 먼지를 털어 주세요. 바니쉬를 발라 말리면 이런 색바램과 먼지로부터 작품을 어느 정도 보호할 수 있어요.

 **차례**

클레이 아트 준비물	무엇을 준비할까요?	4p
클레이 반죽법 3가지	반죽법만 달라져도 다른 작품이 탄생한다	8p
색상 혼합표와 꿀팁	세상 모든 색을 만들어요!	10p
기본 도형 만드는 법	어려운 작품도 기본 도형으로부터!	12p
소꿉놀이 장난감 만들기 SOS	알아 두면 좋을 꿀팁을 공개합니다!	14p

Part1 주방놀이

★★☆☆☆ 거품기 22p
★★☆☆☆ 뒤집개 23p 
★★☆☆☆ 국자 24p 
★★☆☆☆ 집게 25p 
★★☆☆☆ 주걱 26p 
★★★☆☆ 칼과 도마 27p 
★★★★☆ 가스레인지 28p 
★★★★☆ 냄비와 프라이팬 30p 
★★★★☆ 주전자 32p
★★★☆☆ 머그컵 34p
★★★☆☆ 찻잔 35p
★★☆☆☆ 접시들 36p
★★★☆☆ 밥공기 37p
★★★☆☆ 도시락 38p

Part 1
주방놀이

거품기

소요시간 20분 내외
난이도 ★★☆☆☆

도구 가위
색상 밝은황토색(흰7+황토3) ✳황토색(노8.5+빨1.2+검0.3)
연노란색(흰9+노1)

1 밝은황토색 원형을 길게 밀어서 긴 타원형을 준비해요.

2 타원형을 손가락으로 매만져 긴 원기둥 모양의 손잡이를 만들어요.

3 연노란색 원형을 손가락으로 밀어서 긴 줄을 만들어요.

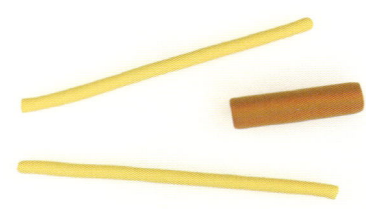

4 긴 줄을 가위를 이용해 반으로 잘라 주세요.

5 줄 1개를 양쪽 끝을 모아 붙여서 고리 모양으로 만들어요.

6 남은 줄을 열십자로 교차하여 붙여서 거품 내는 부분을 만들어요.

7 손잡이와 거품 내는 부분을 이어 붙여서 거품기를 완성합니다.

뒤집개

소요시간 20분 내외
난이도 ★★☆☆☆

도구 가위
색상 파스텔연두색(흰9.5+연두0.5) ✻연두색(노9+파1)
밝은황토색(흰7+황토3) ✻황토색(노8.5+빨1.2+검0.3)

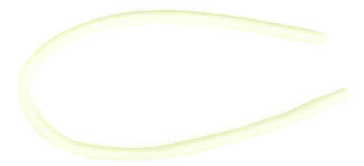

1 파스텔연두색 원형을 손가락으로 밀어서 긴 줄을 만들어요.

2 긴 줄을 납작하게 눌러요.

3 납작해진 줄을 가위를 이용해 짧은 줄 3개와 긴 줄 1개로 잘라요.

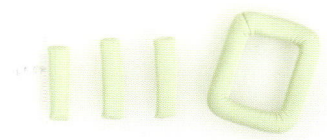

4 긴 줄은 양쪽 끝을 모아 붙여서 사각형 모양으로 만들어요.

5 사각형 안쪽에 짧은 줄 2개를 붙여요.

6 사각형 바깥에 짧은 줄 1개를 붙여서 뒤집는 부분을 만들어요.

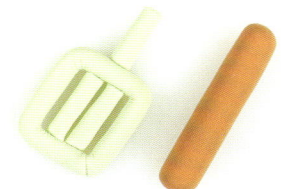
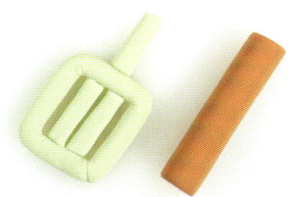

7 밝은황토색 원형을 길게 밀어서 긴 타원형을 준비해요.

8 타원형을 손가락으로 매만져 긴 원기둥 모양의 손잡이를 만들어요.

9 손잡이와 뒤집는 부분을 이어 붙여서 뒤집개를 완성합니다.

국자

소요시간 20분 내외
난이도 ★★☆☆☆

도구 도트봉
색상 연하늘색(흰9.5+파0.5)
　　　밝은황토색(흰7+황토3) ＊황토색(노8.5+빨1.2+검0.3)

1 연하늘색 원형을 준비해요.

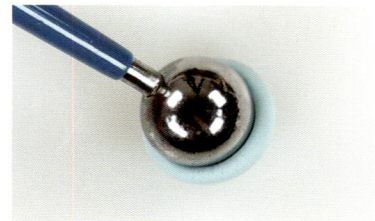

2 원형을 도트봉으로 오목하게 천천히 눌러서 국자의 머리 부분을 만들어요.

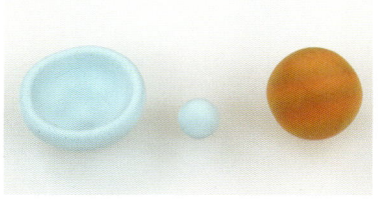

3 연하늘색 작은 원형과 밝은황토색 큰 원형을 준비해요.

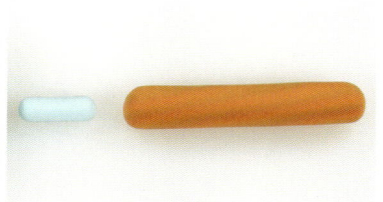

4 원형을 길게 밀어서 긴 타원형을 만들어요.

5 연하늘색은 납작하게 누르고, 밝은황토색은 긴 원기둥 모양으로 매만져 손잡이를 만들어요.

6 납작하게 누른 연하늘색을 국자 머리의 가장자리에 세워서 붙여요.

7 손잡이를 붙여 국자를 완성합니다.

집게

소요시간 20분 내외
난이도 ★★☆☆☆

도구 밀대, 피자커터, 칼 도구
색상 밝은황토색(흰7+황토3) *황토색(노8.5+빨1.2+검0.3)
　　　 연보라색(흰9+빨0.6+파0.4)

1. 밝은황토색 원형을 손가락으로 밀어서 긴 줄을 만들어요.
2. 긴 줄을 너무 얇지 않게 살짝만 밀대로 밀어서 납작하게 만들어요.
   (너무 얇으면 집게에 힘이 없어요.)
3. 납작해진 줄을 피자커터로 잘라서 긴 직사각형 모양으로 만들어요.

4. 긴 직사각형을 'U'자로 접고 그대로 말려서 손잡이를 만들어요.
5. 연보라색 원형을 손잡이와 같은 두께로 납작하게 눌러요.
6. 납작해진 연보라색을 잘라서 직사각형 모양 2개를 만들어요.

7. 직사각형의 앞뒤를 칼 도구로 자국을 -ㅐ 무늬를 표현해요.
8. 손잡이에 붙여서 집게를 완성합니다.
   (연보라색이 말라서 잘 붙지 않으면, 이쑤시개로 목공풀을 살짝 발라서 붙여 주세요.)
   (완전히 마른 후 사용해야 해요.)

주걱

소요시간 20분 내외
난이도 ★★☆☆☆

도구 도트봉, 가위
색상 파스텔주황색(흰9.5+주황0.5) ＊주황색(노8+빨2)
　　　 연노란색(흰9+노1)

1 파스텔주황색 원형을 마이크 모양으로 만들어요.

2 전체를 납작하게 누른 다음, 둥근 부분을 눌러 오목하게 만들어요.

3 손잡이 부분을 도트봉으로 눌러 구멍을 내요.

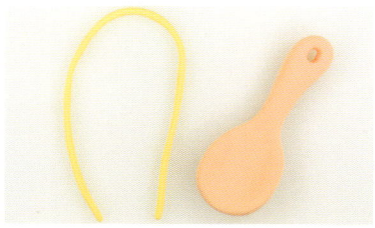

4 연노란색 원형을 손가락으로 밀어서 긴 줄을 만들어요.

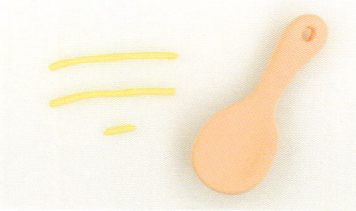

5 긴 줄을 가위를 이용해 세 조각으로 잘라요. 이때 줄 하나는 짧게 합니다.

6 줄 2개는 한쪽 끝을 말아서 고리가 있는 모양으로 만들어요.

7 고리 모양을 서로 교차해 붙여서 리본 모양을 만들어요.

8 짧은 줄을 리본의 가운데 둘러 붙여서 매듭을 표현해요.

9 리본을 손잡이에 붙여서 완성합니다.

칼과 도마

소요시간 30분 내외
난이도 ★★★☆☆

도구 밀대, 피자커터
색상 연분홍색(흰9.5+빨0.5)
　　　 밝은황토색(흰7+황토3) *황토색(노8.5+빨1.2+검0.3)

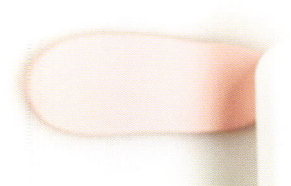

1 연분홍색 타원형을 너무 얇지 않게 밀대로 밀어요.

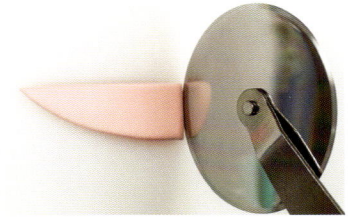

2 피자커터로 칼날 부분은 곡선으로, 손잡이 붙일 곳은 직각으로 잘라요.

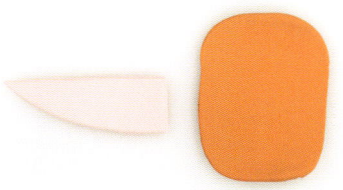

3 밝은황토색 원형을 칼날과 같은 두께가 되도록 밀대로 밀어요.

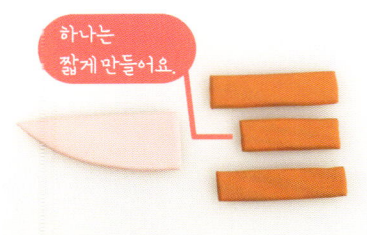

하나는 짧게 만들어요.

4 피자커터로 밝은황토색을 잘라서 직사각형 3개를 만들어요.

5 짧은 직사각형을 칼날의 직각 옆에 붙여서 손잡이를 만들어요.

이 부분에 맞춰 붙여요.

6 긴 직사각형을 짧은 직사각형 위아래에 붙여서 칼을 완성합니다.

도마

1 밝은황토색 타원형을 밀대로 두께 있게 밀어서 넓적하게 만들어요.

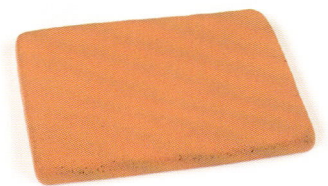

2 피자커터를 이용해 직사각형으로 자른 다음, 모서리를 둥글게 매만져요.

3 밝은황토색 원형을 길게 민 다음, 구부려 붙여서 도마를 완성합니다.

가스레인지

소요시간 30분 내외
난이도 ★★★★☆

도구 밀대, 피자커터, 송곳, 가위, 칼 도구
색상 은백색(흰9.8+검0.2), 연분홍색(흰9.5+빨0.5)
　　　 회색(흰9+검1), 흰색

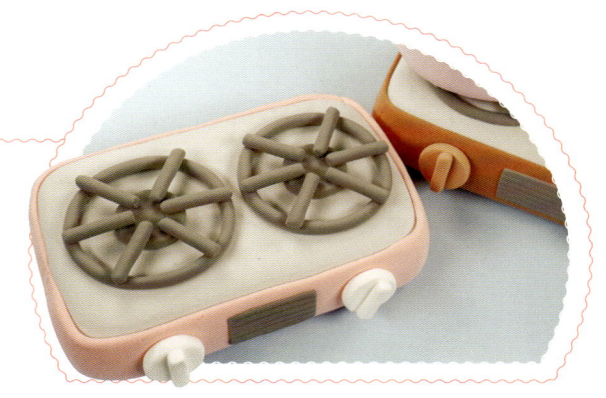

1 은백색 원형을 손바닥으로 길게 밀어 주세요.

2 손바닥으로 납작하게 눌러서 직육면체 모양의 몸체를 만들어요.

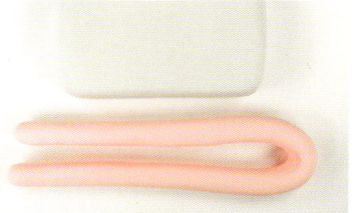

3 연분홍색 원형을 손가락으로 밀어서 긴 줄을 만들어요.

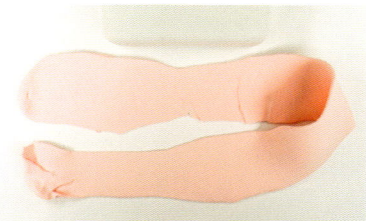

4 연분홍색 긴 줄을 밀대로 얇게 밀어 주세요.

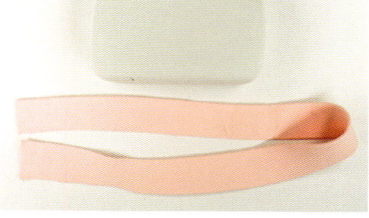

5 피자커터로 잘라서 몸체와 같은 높이의 기다란 띠를 만들어요.

6 가스레인지 몸체의 옆면에 기다란 띠를 둘러서 붙여요.

7 회색 원형을 손가락으로 밀어서 긴 줄을 만들어요.

송곳으로 화구 자리를 미리 스케치하면 편해요.

8 긴 줄을 동그랗게 붙여서 화구 2개를 만들어요.

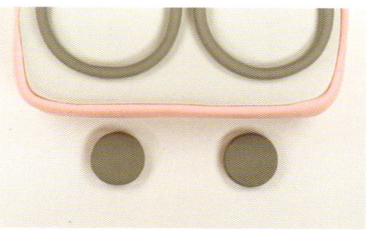

9 회색 작은 원형 2개를 납작하게 눌러 주세요.

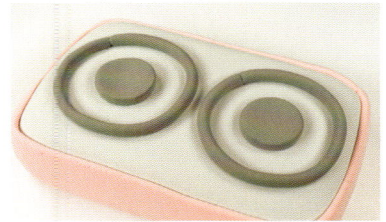

10 납작하게 누른 원형을 손가락으로 꼬집듯 매만져 윤곽을 또렷하게 만든 다음, 화구 가운데 붙여 줍니다.

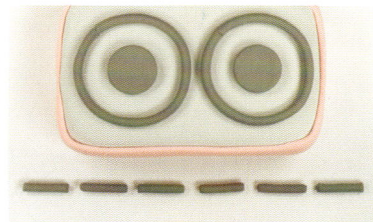

11 회색 원형을 손가락으로 밀어서 긴 줄을 만든 다음, 같은 길이로 잘라서 짧은 줄 6개로 만들어요.

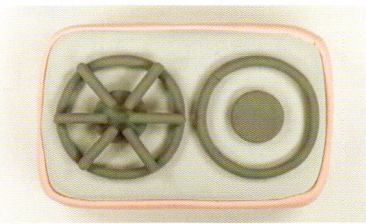

12 짧은 줄을 화구 주위에 60도 간격으로 붙여서 삼발이를 만들어요.

13 마찬가지로 반대편 화구도 만들어 주세요.

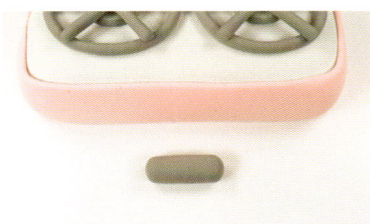

14 회색 원형을 손가락으로 살짝 밀어 타원형을 만들어요.

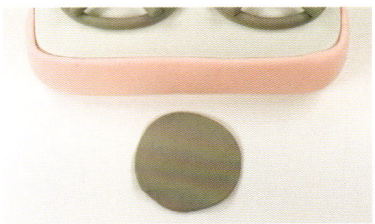

15 회색 타원형을 밀대로 얇게 밀어요.

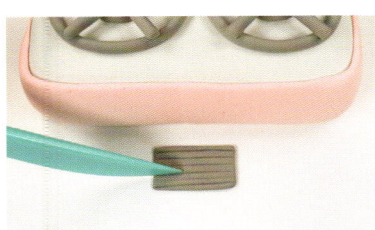

16 직사각형으로 자른 다음, 칼 도구로 자국을 내 무늬를 만들어요.

17 가스레인지의 앞면에 무늬를 붙여 줍니다.

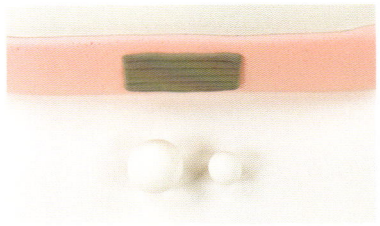

18 흰색 원형을 서로 다른 크기로 2개 준비해요.

19 큰 원형은 납작하게 누르고 작은 원형은 길게 민 후, 꼬집듯 매만져 짧은 원기둥과 긴 직육면체로 만들어요.

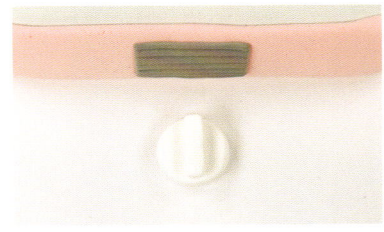

20 짧은 원기둥의 가운데에 긴 직육면체를 붙여서 점화 손잡이를 만들어 주세요.

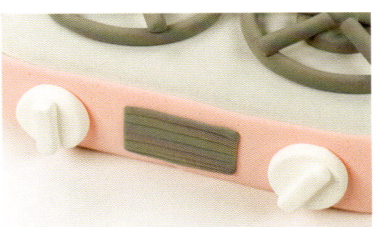

21 같은 방법으로 점화 손잡이를 하나 더 만든 다음, 몸체에 붙여서 가스레인지를 완성합니다.

냄비와 프라이팬

소요시간 40분 내외
난이도 ★★★☆

도구 밀대, 쿠키커터, 오일, 피자커터, 도트봉, 가위, 칼 도구
색상 연보라색(흰9+빨0.6+파0.4), 연하늘색(흰9.5+파0.5)
    연노란색(흰9+노1), 연분홍색(흰9.5+빨0.5)
    밝은황토색(흰7+황토3) ＊황토색(노8.5+빨1.2+검0.3)

양수냄비

1 연보라색 원형을 밀대로 밀어 납작하게 만들어요.

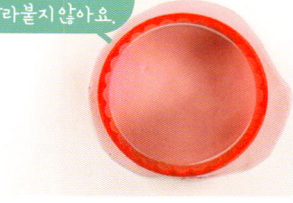

쿠키커터에 오일을 묻히면 달라붙지 않아요.

2 납작해진 클레이를 둥근 쿠키커터로 찍어서 냄비 바닥을 준비해요.

3 연보라색 원형을 손가락으로 밀어서 긴 줄을 만들어요.

4 긴 줄을 밀대로 민 다음, 피자커터로 잘라서 긴 직사각형을 만들어요.

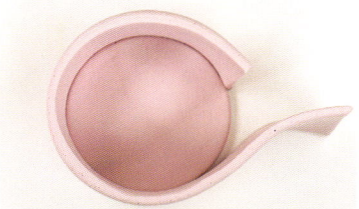

5 냄비 바닥을 따라 직사각형을 둘러 붙여서 냄비의 몸체를 만들어요.

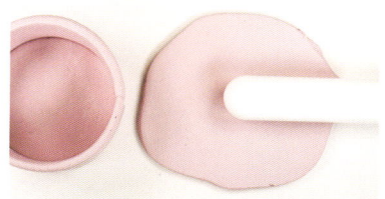

6 연보라색 원형을 밀대로 밀어 납작하게 만들어요.

7 바닥보다 조금 더 큰 쿠키커터로 찍은 다음, 손가락으로 꼬집듯 매만져서 뚜껑을 만들어요.

도트봉으로 눌러서 홈을 먼저 낸다음 붙여요.

8 밝은황토색 원형을 뚜껑 가운데 붙여서 뚜껑 손잡이를 만들어요.

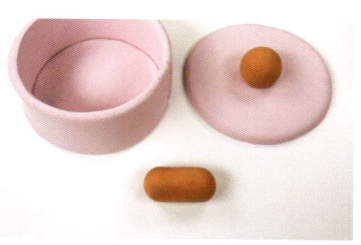

9 밝은황토색 원형을 밀어 타원형을 만든 다음, 살짝만 눌러요.

10 타원형을 가위로 반을 잘라요.

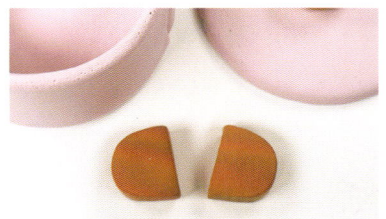
11 손가락으로 꼬집듯 매만져 윤곽이 또렷한 손잡이를 만들어요.

12 냄비 몸체의 양쪽에 손잡이를 붙여서 완성합니다.

편수냄비

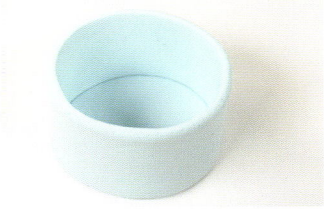
1 양수 냄비의 1~5번처럼 연하늘색으로 냄비 몸체를 만들어요.

2 연하늘색과 밝은황토색 원형을 서로 다른 크기로 준비해요.

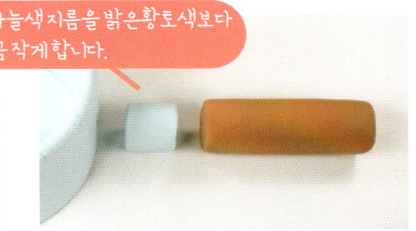
연하늘색 지름을 밝은황토색보다 조금 작게합니다.

3 두 원형을 밀어 타원형을 만든 다음, 꼬집듯 매만져 원기둥을 만들어요.

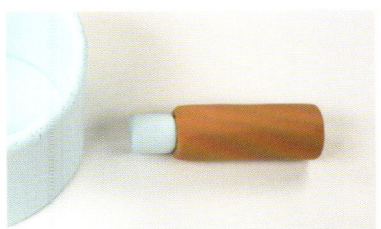
4 원기둥끼리 이어 붙여 손잡이를 만들어요.

5 손잡이를 냄비 몸체에 붙인 다음, 모양이 변하지 않도록 고정하여 말려요.

6 양수 냄비의 6~8번처럼 냄비 뚜껑을 만들어 완성합니다.

프라이팬

냄비보다 높이를 낮게 만들어요.

1 편수 냄비의 1~5번처럼 연노란색과 밝은황토색으로 프라이팬 몸체를 만들어요.

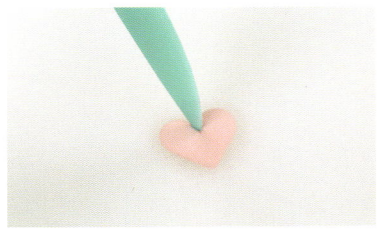
2 연분홍색 물방울을 납작하게 한 다음, 칼 도구로 눌러서 하트를 만들어요.

3 같은 방법으로 작은 하트를 여러 개 만들어 프라이팬 바닥과 옆면에 붙여서 완성합니다.

주전자

소요시간 30분 내외
난이도 ★★★★☆

도구 밀대, 피자커터, 칼 도구, 도트봉
색상 연분홍색(흰9.5+빨0.5), 연보라색(흰9+빨0.6+파0.4)
진분홍색(흰7+빨3), 연노란색(흰9+노1)

1 연분홍색 타원형을 세워 놓고 손바닥으로 살짝 눌러서 주전자 몸체를 뭉툭하게 만들어요.

2 연보라색 원형을 손가락으로 밀어서 긴 줄을 만들어요.

3 긴 줄을 밀대로 납작하게 밀고, 피자커터로 잘라 긴 직사각형을 만들어요.

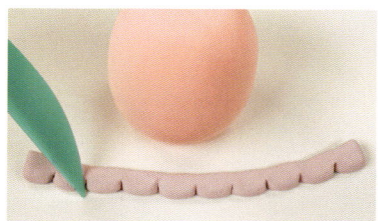

4 직사각형의 아랫부분을 칼 도구로 자국을 내어 레이스 장식을 표현해요.

5 주전자 몸체에 레이스 장식을 둘러 붙여 줍니다.

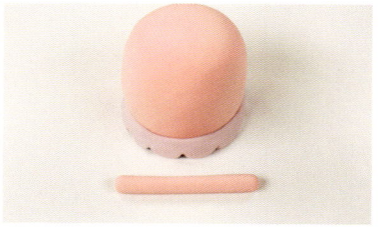

6 연분홍색 원형을 손가락으로 밀어서 긴 줄을 만들어요.

7 몸체에 동그랗게 붙여서 손잡이를 표현합니다.

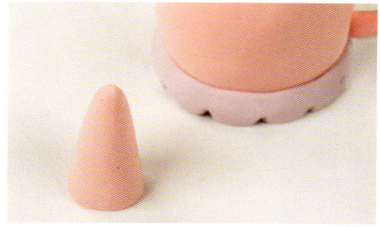

8 연분홍색 물방울을 만든 다음, 둥근 부분을 편평하게 만져서 원뿔 모양으로 만들어요.

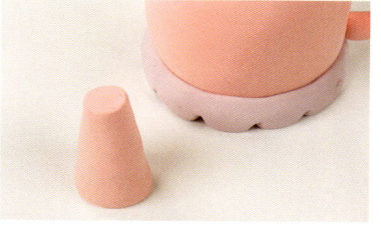

9 원뿔의 뾰족한 부분을 손가락으로 꼬집듯 매만져 편평하게 만들어요.

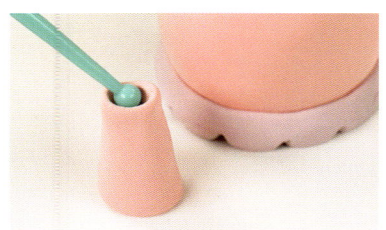

10 편평해진 부분을 도트봉으로 눌러서 주전자 입구를 준비해요.

11 주전자 입구를 살짝 구부려서 몸체에 붙여 주세요.

12 진분홍색 원형을 꼬집듯 매만져 한 면이 편평한 반구 모양을 만들어요.

13 연보라색 원형을 반구보다 크게 누른 다음, 원형 위에 반구를 붙여요.

14 연보라색의 가장자리를 칼 도구로 눌러서 레이스를 표현해요.

15 주전자 몸체 위에 얹어서 뚜껑을 표현해요.

도트봉으로 눌러서 홈을 먼저 낸 다음 붙여요.

16 연노란색 원형을 뚜껑 위에 붙여서 손잡이를 만들어요.

연보라색은 작게 만들어요.

17 연노란색 원형 8개와 연보라색 원형 1개를 준비해요.

18 연노란색 원형을 밀어서 긴 물방울 모양으로 만든 다음, 납작하게 눌러서 꽃잎을 준비해요.

19 꽃잎 4개를 뾰족한 부분끼리 모아 붙여서 열십자 모양으로 만들어요.

20 남은 꽃잎을 사이사이에 붙인 다음, 연보라색 원형을 가운데 붙여서 꽃을 만들어요.

21 주전자 앞에 꽃을 붙이면 주전자가 완성됩니다.

머그컵

소요시간 20분 내외
난이도 ★★★☆☆

도구 도트봉, 종이컵, 목공풀, 물감(흰색, 파란색)
색상 연분홍색(흰9.5+빨0.5)
진분홍색(흰7+빨3), 흰색

1 연분홍색 타원형을 꼬집듯 매만져 원기둥으로 만들어요.

테두리 부분을 꼼꼼하게 눌러서 또렷하게 해요.

2 원기둥의 윗면을 도트봉으로 눌러서 음료가 담길 홈을 만들어요.

3 연분홍색 원형을 손가락으로 밀어서 긴 줄을 만들어요.

4 긴 줄을 동그랗게 붙여서 손잡이를 표현해요.

목공풀이 마르면 투명해지므로 흰색 물감을 반드시 넣어야 해요. 하늘색 물감을 이용해도 됩니다.

소량은 종이컵을 뒤집어서 사용해요.

5 종이컵에 목공풀을 짠 다음, 흰색과 파란색 물감을 섞어 하늘색 목공풀을 만들어요.

이쑤시개로 저으면 편해요.

6 컵의 홈 안에 하늘색 목공풀을 골고루 펼쳐 담아요.

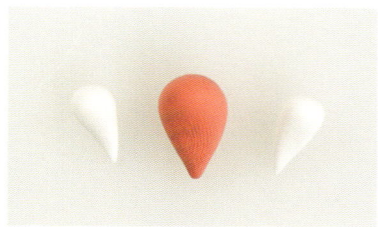

7 진분홍색 물방울과 흰색 물방울 2개를 서로 다른 크기로 준비해요.

하트 한쪽에 흰색을 붙여 반짝이는 느낌을 표현해요.

8 납작하게 누른 다음, 칼 도구로 모양 내어 날개 달린 하트를 표현해요.

9 날개 달린 하트를 머그컵 앞에 붙여 완성합니다.

찻잔

소요시간 20분 내외
난이도 ★★★☆☆

도구 도트봉

색상 연노란색(흰9+노1), 황토색(노8.5+빨1.2+검0.3)
연분홍색(흰9.5+빨0.5), 연보라색(흰9+빨0.6+파0.4)
파스텔연두색(흰9.5+연두0.5) *연두색(노9+파1)

1 연노란색 원형을 밀어서 물방울 모양으로 만들어요.

2 물방울의 위아래를 꼬집듯 매만져 윗면이 넓은 원기둥으로 만들어요.

테두리 부분을 꼼꼼하게 눌러서 또렷하게 해요.

3 넓은 부분의 안쪽을 도트봉으로 눌러서 차가 담길 홈을 만들어요.

4 황토색과 연노란색을 하프 믹스 기법(9p)으로 섞어서 홈에 붙여요.

5 연노란색 원형을 납작하게 눌러 받침을 준비해요.

6 받침 위에 찻잔을 붙여 주세요.

7 연노란색 원형을 손가락으로 밀어서 긴 줄을 만들어요.

8 긴 줄을 구부려 붙여서 손잡이를 표현해요.

잎은 물방울 모양을 눌러서 만들어요.

9 주전자(33p) 17~20번처럼 연분홍색과 연보라색으로 꽃을 만들고, 파스텔연두색으로 잎을 붙여서 완성합니다.

접시들

소요시간 20분 내외
난이도 ★★☆☆☆

도구 밀대, 쿠키커터, 오일, 피자커터
색상 파스텔노란색(흰9.5+노0.5)
　　　 연하늘색(흰9.5+파0.5)
　　　 연분홍색(흰9.5+빨0.5)

쿠키커터에 오일을 묻히면 달라붙지 않아요.

1 파스텔노란색 원형을 밀대로 납작하게 밀어요.

2 물결 모양 쿠키커터로 찍어요.

3 물결 모양 접시의 가장자리를 손가락으로 예쁘게 다듬어요.

4 아주 작은 연분홍색 원형을 가장자리에 빙 둘러 붙여서 완성합니다.

5 마찬가지로 연분홍색과 연하늘색으로 좀 더 큰 접시를 만들어요.

6 둥근 쿠키커터로 연하늘색과 파스텔노란색으로 원형 접시도 만들어요.

7 연분홍색 원형을 접시 두께로 납작하게 밀어요.

8 피자커터를 이용해 사각형으로 잘라주세요.

9 윤곽을 꼬집듯 매만져서 오목한 사각접시를 완성합니다.

밥공기

소요시간 20분 내외
난이도 ★★★☆☆

도구 밀대, 피자커터, 가위
색상 연노란색(흰9+노1)
　　　 연하늘색(흰9.5+파0.5)
　　　 연분홍색(흰9.5+빨0.5)

밀대로 밀어 쿠키커터로 찍어도 좋아요.

1 연노란색 원형을 납작하게 눌러서 밥공기의 바닥을 준비합니다.

2 연노란색 타원형을 원하는 밥공기의 두께만큼 밀대로 밀어요.

3 피자커터를 이용해 긴 직사각형으로 잘라요.

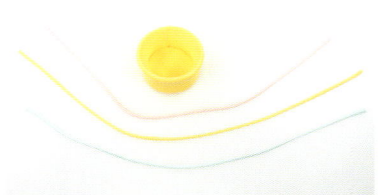

기본 밥공기가 완성되었어요.

4 바닥을 따라 직사각형을 둘러 붙여요.

5 밥공기의 이음매와 테두리를 손가락으로 매만져 모양을 정리해요.

6 연분홍색, 연노란색, 연하늘색으로 긴 줄을 3개 준비해요.

7 세 줄을 서로 붙여 한 덩어리로 만들어 주세요.

8 덩어리를 비틀어 꼬아서 꽈배기 장식을 만들어요.

9 꽈배기 장식을 밥공기 가장자리에 붙여서 완성합니다.

도시락

소요시간 20분 내외
난이도 ★★★☆☆

도구 밀대, 피자커터
색상 연분홍색(흰9.5+빨0.5)

1 연분홍색 원형을 손가락으로 살짝 밀어 타원형을 만들어요.

2 타원형을 밀대로 너무 얇지 않게 밀어주세요.

3 피자커터를 이용해 직사각형 모양으로 잘라요.

4 직사각형 모서리를 둥글게 다듬어서 도시락 바닥을 준비해요.

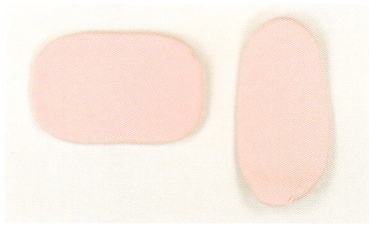

5 연분홍색 타원형을 또 하나 준비하여 바닥과 같은 두께로 밀어요.

6 피자커터로 잘라서 직사각형 2개를 만들어요.

7 직사각형을 도시락 바닥에 세워 붙여서 도시락 칸막이를 표현해요.

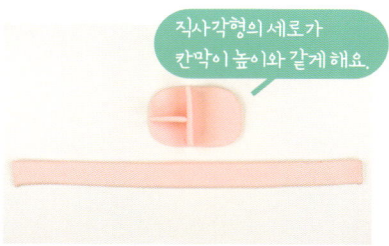

직사각형의 세로가 칸막이 높이와 같게 해요.

8 연분홍색 긴 줄을 밀대로 민 다음, 피자커터로 긴 직사각형을 만들어요.

9 도시락 바닥을 따라 둘러 붙여서 도시락을 완성합니다.

커트러리

소요시간 20분 내외
난이도 ★★★☆☆

도구 도트봉
색상 흰색

1 흰색으로 손잡이가 긴 마이크 모양 1개와 긴 물방울 모양 2개를 준비해요.

젓가락이 완성되었습니다.

2 마이크의 머리를 도트봉으로 눌러 홈을 만들면 숟가락이 완성됩니다.

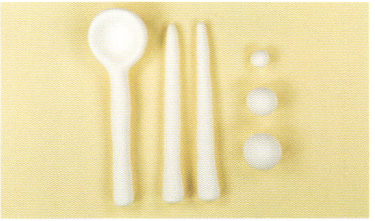

3 흰색 원형을 서로 다른 크기로 3개 준비해요.

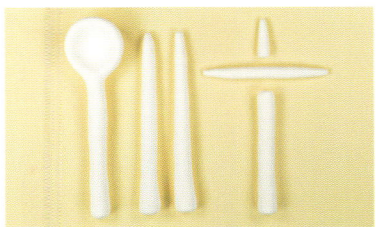

4 작은 것부터 긴 물방울, 긴 양쪽 물방울, 긴 원기둥 모양으로 만들어요.

5 긴 원기둥 위에 양쪽 물방울을 'U'자로 구부려 붙여요.

6 'U'자 가운데에 긴 물방울을 붙여서 포크를 완성해요.

7 흰색 원형을 2개 준비하여 긴 물방울과 긴 원기둥으로 만들어요.

8 긴 물방울을 납작하게 누르고 한쪽을 편평하게 매만져 칼날을 준비해요.

9 칼날 아래로 긴 원기둥을 붙여서 나이프를 완성합니다.

곰돌이 수저

소요시간 30분 내외
난이도 ★★★☆

도구 도트봉, 가위
색상 연분홍색(흰9.5+빨0.5), 연하늘색(흰9.5+파0.5)
　　　 밝은회색(흰9.7+검0.3), 연노란색(흰9+노1), 검은색
　　　 밝은황토색(흰7+황토3) ✱황토색(노8.5+빨1.2+검0.3)
　　　 연베이지색(흰9.9+갈색0.1) ✱갈색(노7+빨2.5+검0.5)

1 연분홍색 원형과 연하늘색 원형 2개를 서로 다른 크기로 준비해요.

2 원형을 손가락으로 밀어서 긴 타원형 모양으로 만들어요.

3 양쪽 끝을 편평하게 매만져 긴 원기둥 모양의 손잡이를 만들어요.

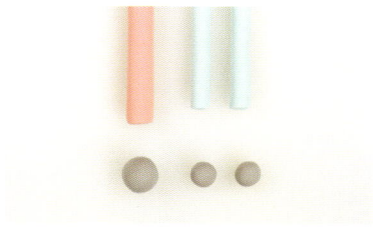

4 밝은회색 원형 3개를 서로 다른 크기로 준비해요.

5 큰 원형은 마이크 모양으로, 작은 원형은 긴 물방울 모양으로 만들어요.

6 마이크의 동그란 부분을 납작하게 눌러요.

7 납작해진 부분을 도트봉으로 눌러서 오목하게 만들어요.

8 손잡이와 닿을 부분을 가위로 잘라서 편평해지게 해요.

9 손잡이의 한쪽 끝에 붙여서 숟가락과 젓가락을 완성합니다.

10 밝은황토색 원형 3개를 서로 다른 크기로 만들어 손가락으로 살짝 눌러요.

11 큰 원형 위에 작은 원형 2개를 붙여서 곰돌이 얼굴을 만들어요.

12 연베이지색 원형을 꼬집듯 매만져 한 면이 편평한 반구로 만들어요.

13 얼굴 가운데에 반구를 붙여요.

14 검은색 클레이를 쭉 늘려 긴 줄을 만들어요.

15 긴 줄을 가위로 잘라 붙여서 곰돌이의 입을 표현해요.

16 검은색 작은 원형을 붙여서 눈과 코를 표현해요.

17 연노란색 원형을 손가락으로 살짝 눌러요.

18 밝은황토색 원형 4개를 서로 다른 크기로 준비해요.

19 준비한 원형을 납작하게 눌러 붙여서 발바닥을 만들어요.

20 같은 방법으로 하나 더 만들어요.

21 손잡이 끝부분에 곰돌이 장식을 붙여서 완성합니다.

토끼 포크&나이프

소요시간 30분 내외
난이도 ★★★☆☆

도구 가위
색상 연노란색(흰9+노1), 연분홍색(흰9.5+빨0.5)
파스텔연두색(흰9.5+연두0.5) ✽연두색(노9+파1)
밝은회색(흰9.7+검0.3), 검은색, 연하늘색(흰9.5+파0.5)
연베이지색(흰9.9+갈색0.1) ✽갈색(노7+빨2.5+검0.5)

1 연노란색 원형과 파스텔연두색 원형을 서로 다른 크기로 준비해요.

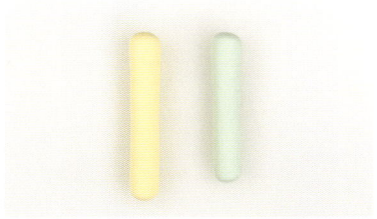

2 원형을 손가락으로 밀어서 긴 타원형 모양으로 만들어요.

3 양쪽 끝을 편평하게 매만져 긴 원기둥 모양의 손잡이를 만들어요.

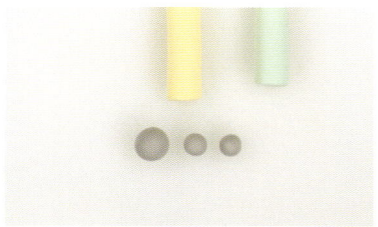

4 밝은회색 원형 3개를 서로 다른 크기로 준비해요.

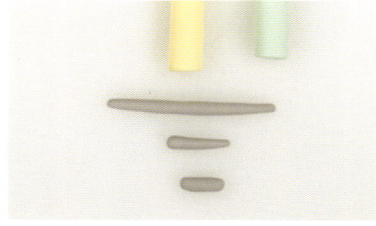

5 큰 원형은 긴 양쪽 물방울로, 나머지는 물방울과 타원형으로 만들어요.

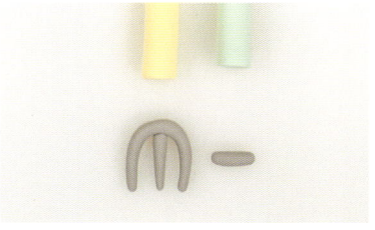

6 긴 양쪽 물방울을 아치형으로 구부린 다음, 가운데에 물방울을 붙여요.

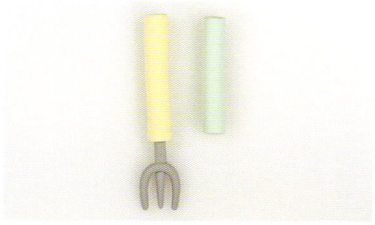

7 타원형을 위에 붙인 다음, 손잡이 끝에 붙여 포크를 완성합니다.

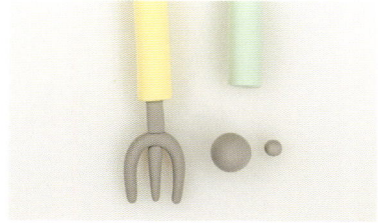

8 밝은회색 원형 2개를 서로 다른 크기로 준비해요.

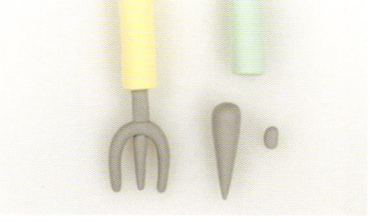

9 큰 원형은 물방울 모양으로, 작은 원은 타원형으로 만들어요.

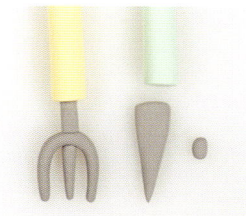

10 물방울을 납작하게 누른 다음 매만져서 직각삼각형 모양을 만들어요.

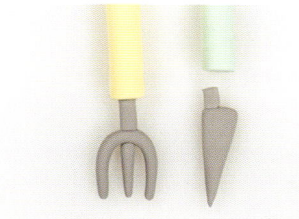

11 타원형을 직사각형으로 매만져서 직각삼각형의 직각 옆에 붙여요.

12 손잡이의 한쪽 끝에 붙여서 나이프를 완성합니다.

13 연분홍색 원형 3개를 서로 다른 크기로 준비해요.

14 큰 원형은 살짝 누르고, 작은 원형 2개는 긴 타원형을 만들어요.

타원형 한쪽 끝을 살짝 잘라서 붙이면 예쁘게 붙어요.

15 타원형을 납작하게 누른 다음, 원형 위에 붙여서 토끼 얼굴을 만들어요.

16 연베이지색 원형을 꼬집듯 매만져 한 면이 편평한 반구로 만들어요.

17 얼굴 가운데에 반구를 붙여요.

18 검은색 긴 줄을 가로로 잘라 붙여서 토끼의 입을 표현해요.

19 검은색 작은 원형을 3개를 붙여서 눈과 코를 표현해요.

20 곰돌이 수저(41 p) 17~19번처럼 연하늘색과 연분홍색으로 발바닥을 만들어요.

21 손잡이 끝부분에 토끼 장식을 붙여서 완성합니다.

주방세제와 수세미

소요시간 30분 내외
난이도 ★★★★☆

도구 도트봉, 피자커터, 밀대, 솔 도구
색상 백옥색(흰9.7+노0.2+파0.1), 진한연두색(노8.8+파1.2)
흰색, 어두운노란색(노9.8+검0.2), 초록색(노6+파4)
진한파스텔연두색(흰7+연두2.9+검0.1) *연두색(노9+파1)

주방세제

1 백옥색 원형을 손가락으로 살짝 밀어 타원형을 준비해요.

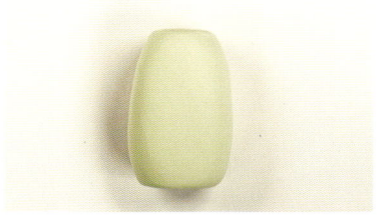

2 타원형의 위아래와 앞뒤를 아주 살짝 눌러서 세제 몸체를 만들어요.

3 진한연두색 원형 2개와 흰색 원형 1개를 서로 다른 크기로 준비해요.

4 큰 진한연두색과 흰색 원형은 꼬집듯 매만져 원기둥으로 만들고, 작은 진한연두색은 반구 모양으로 만들어요.

지름을 비슷하게 만들어요.

5 아래부터 진한연두색 원기둥, 흰색 원기둥, 진한연두색 반구를 차례로 붙여서 펌프 몸체를 만들어요.

6 진한연두색 원형을 밀고 매만져서 원기둥 모양으로 만들어요.

7 펌프 몸체에 원기둥을 붙인 다음, 도트봉으로 눌러서 홈을 만들어요.

원기둥을 살짝 구부려 붙여요.

8 세제 몸체에 펌프를 붙여 주세요.

9 어두운노란색 원형을 손가락으로 살짝 밀어 타원형을 만들어요.

10 타원형을 납작하게 누른 다음, 아랫부분을 피자커터로 잘라요.

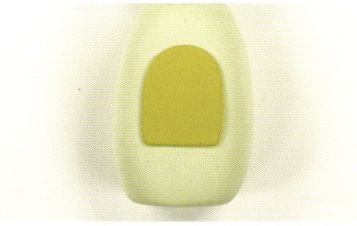

11 몸체에 붙여서 세제 라벨을 표현해 주세요.

12 어두운노란색 원형을 손가락으로 밀어서 긴 줄을 만들어요.

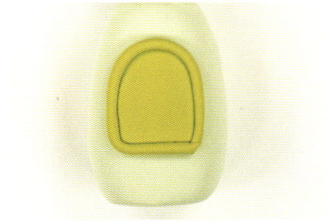

13 라벨의 가장자리에 긴 줄을 둘러 붙여서 테두리를 만들어요.

14 흰색 원형을 서로 다른 크기로 여러 개 준비해요.

15 라벨 안쪽에 거품처럼 붙여서 주방세제를 완성합니다.

수세미

1 초록색, 흰색, 진한파스텔연두색 원형을 살짝 밀어 타원형을 만들어요.

2 타원형을 밀대로 민 다음, 피자커터를 이용해 직사각형으로 잘라요.

3 직사각형의 모서리를 손가락으로 매만져 윤곽을 부드럽게 만들어요.

4 흰색을 가운데로 놓고 붙여 줍니다.

5 솔 도구로 표면을 눌러서 수세미의 거친 질감을 표현하면 완성됩니다.

6 흰색 원형을 크고 작게 만들어 거품처럼 붙이면 더욱 생생해요.

Part2
마트놀이

딸기

소요시간 20분 내외
난이도 ★★★☆☆

도구 가위, 도트봉
색상 빨간색, 흰색
　　　연초록색(노8.5+파1.5)

1 빨간색 원형을 손가락으로 밀어서 물방울 모양을 만들어요.

2 물방울의 한쪽 면을 손가락으로 꼬집듯 매만져 편평한 단면을 만들어요.

3 흰색 양쪽 물방울 모양을 만든 다음, 납작하게 눌러서 딸기에 붙여요.

4 흰색 긴 줄을 양쪽 물방울 주위로 둘러 붙여요.

5 흰색으로 얇은 줄을 8조각 만들어 붙여서 속살을 표현해요.

6 연초록색 원형 4개를 손가락으로 밀어서 긴 물방울 모양을 만들어요.

7 물방울을 납작하게 눌러 잎을 만들어 주세요.

8 딸기의 아래쪽에 잎을 붙여요.

9 도트봉으로 겉면을 군데군데 찍어서 딸기를 완성합니다.

방울토마토

소요시간 20분 내외
난이도 ★★★☆☆

도구 도트봉, 작은 빨대
색상 빨간색
　　　 진노란색(노9.8+빨0.2)

1 빨간색 원형을 꼬집듯 매만져 한 면이 편평한 반구 모양을 준비해요.

2 반구의 편평한 부분을 도트봉으로 눌러서 반달 모양의 홈을 2개 만들어요.

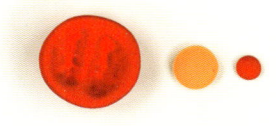

3 진노란색과 빨간색 원형을 납작하게 눌러요.

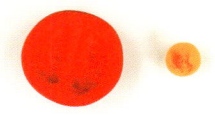

4 그라데이션 기법(9p)으로 섞어서 원형을 만들어요.

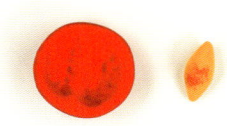

5 그라데이션 원형을 밀어서 양쪽 물방울 모양으로 만들어요.

6 양쪽 물방울의 한쪽 면을 편평하게 눌러서 반달 모양으로 만들어요.

7 반달 모양의 홈에 넣어 붙여요.

8 작은 빨대로 표면을 찍어서 토마토의 속살을 표현해요.

9 나머지 홈도 같은 방법으로 채워서 방울토마토를 완성합니다.

사과

소요시간 20분 내외
난이도 ★★★☆☆

도구 칼 도구
색상 빨간색, 연미색(흰9.7+노0.3)
　　　고동색(노5+빨3+검2)
　　　연두색(노9+파1)

1 빨간색 원형을 꼬집듯 매만져 한 면이 편평한 반구 모양을 준비해요.

2 연미색 원형을 납작하게 눌러서 반구보다 약간 작게 만들어요.

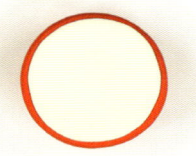

3 반구의 편평한 부분에 연미색 원형을 붙여요.

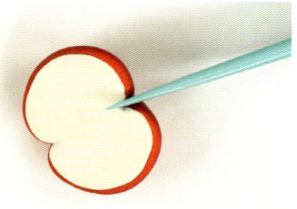

4 칼 도구로 반구의 위아래를 눌러서 사과의 굴곡을 표현합니다.

5 고동색 원형 2개를 손가락으로 밀어서 물방울 모양을 만들어요.

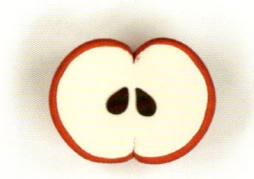

6 물방울을 납작하게 누른 다음, 단면 가운데 붙여서 씨앗을 표현해요.

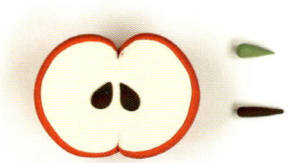

7 연두색과 고동색 원형을 손가락으로 밀어서 긴 물방울 모양을 만들어요.

8 연두색 물방울은 납작하게 누른 다음, 칼 도구로 눌러서 잎맥을 표현해요.

9 사과 윗부분에 꼭지와 잎을 붙여서 사과를 완성합니다.

용과

소요시간 20분 내외
난이도 ★★★☆☆

도구 가위

색상 밝은빨간색(빨8+흰2), 흰색
밝은연두색(연두8+흰2) *연두색(노9+파1)
검은색

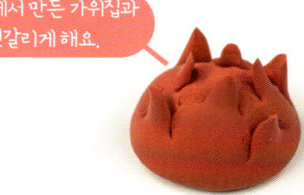

앞 단계에서 만든 가위집과 위치가 엇갈리게 해요.

1. 사각(50p)의 1~3번처럼 밝은빨간색과 흰색으로 반구 모양을 준비해요.

2. 반구의 볼록한 부분에 가위 끝으로 가위집을 4개 만들어요.

3. 가위집 윗부분에 다시 가위집을 4개 더 만들어요.

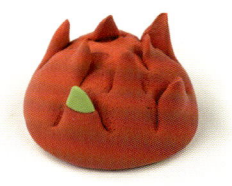

4. 밝은연두색 물방울을 납작하게 눌러주세요.

5. 가위집 낸 부분의 뾰족한 끝과 물방울의 뭉툭한 부분을 잘라 냅니다.

6. 편평해진 부분끼리 이어 붙여요.

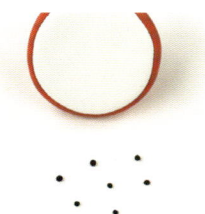

7. 나머지 가위집 낸 부분도 마찬가지로 표현합니다.

8. 검은색 원형을 아주 작게 여러 개 만들어 씨앗을 준비해요.

9. 흰 단면에 씨앗을 붙여서 용과를 완성합니다.

51

아보카도

소요시간 20분 내외
난이도 ★★★☆☆

도구 솔 도구, 도트봉
색상 진초록색(파5+노4.5+검0.5)
　　　밝은연두색(연두8+흰2) ✱연두색(노9+파1)
　　　백옥색(흰9.7+노0.2+파0.1)
　　　갈색(노7+빨2.5+검0.5)

1 진초록색 원형을 손가락으로 살짝 밀어 물방울 모양을 만들어요.

2 물방울의 한쪽 면을 꼬집듯 매만져 편평하게 만들어요.

3 솔 도구로 둥근 표면을 눌러서 껍질의 질감을 표현해요.

4 밝은연두색 물방울 모양을 납작하게 눌러서 껍질보다 약간 작게 만들어요.

5 아보카도 껍질의 편평한 부분에 납작해진 물방울을 붙여 줍니다.

6 같은 방법으로 밝은연두색 위에 백옥색을 붙여요.

7 도트봉으로 편평한 부분을 눌러서 아보카도 씨앗이 들어갈 홈을 만들어요.

8 갈색 원형으로 씨앗을 준비해요.

9 만들어 둔 홈에 씨앗을 붙여서 아보카도를 완성합니다.

수박

소요시간 20분 내외
난이도 ★★★☆☆

도구 밀대, 피자커터
색상 빨간색, 검은색
　　　백옥색(흰9.7+노0.2+파0.1)
　　　진초록색(파5+노4.5+검0.5)

1 빨간색 원형을 손가락으로 살짝 밀어 물방울 모양을 만들어요.

2 물방울을 살짝 누르고 매만져서 짧은 삼각기둥 모양의 과육을 만들어요.

3 검은색 물방울 6개를 납작하게 눌러 과육에 붙여서 수박씨를 표현해요.

4 백옥색과 진초록색 원형을 손가락으로 밀어 긴 타원형을 만들어요.

5 밀대를 이용해 백옥색은 두께감 있게, 진초록색은 얇게 밀어요.

6 진초록색 위에 검은색 줄을 지그재그로 붙여서 껍질 무늬를 표현해요.

7 무늬가 바닥에 오도록 뒤집은 다음, 백옥색을 그 위에 붙여요.

8 과육의 밑면 길이에 맞춰 직사각형 모양으로 잘라서 껍질을 만들어요.

9 껍질을 붙여서 수박을 완성합니다.

복숭아

소요시간 20분 내외
난이도 ★★☆☆☆

도구 칼 도구, 도트봉, 솔 도구, 붓, 파스텔
색상 흰분홍색(흰9.7+빨0.3)
 어두운분홍색(진분홍9.8+검0.2) ＊진분홍색(흰7+빨3)

1 흰분홍색 원형을 꼬집듯 매만져 한 면이 편평한 반구 모양을 만들어요.

2 반구의 한쪽을 칼 도구로 눌러 움푹 들어간 부분을 표현해요.

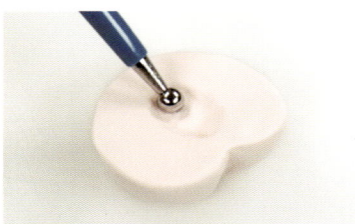

3 편평한 부분을 도트봉으로 눌러서 복숭아씨가 들어갈 홈을 만들어요.

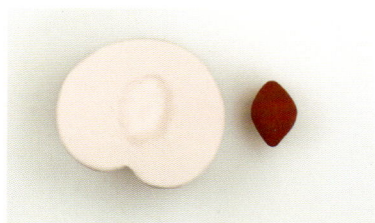

4 어두운분홍색 원형을 밀어서 양쪽 물방울 모양으로 만들어요.

5 양쪽 물방울을 솔 도구로 두드려 복숭아씨의 질감을 표현해요.

6 반구의 홈 안에 복숭아씨를 붙여요.

7 복숭아씨 주위에 진분홍색 계열의 파스텔을 칠해요.

> 복숭아씨를 중심으로 퍼져나가는 느낌으로 칠해요.

8 껍질 부분도 파스텔로 예쁘게 채색합니다.

9 향긋한 복숭아가 완성되었습니다.

석류

소요시간 30분 내외
난이도 ★★★☆☆

도구 도트봉, 가위, 송곳
색상 빨간색, 연미색(흰9.7+노0.3)
어두운빨간색(빨9.8+검0.2)

1. 사과(50p)의 1~3번처럼 빨간색과 연미색으로 반구 모양을 준비해요.

2. 반구 가운데를 도트봉으로 군데군데 눌러 석류알이 들어갈 홈을 만들어요.

3. 어두운빨간색 원형을 밀어서 물방울 모양의 석류알을 여러 개 준비해요.

4. 반구의 홈 안에 석류알을 넣어 붙여요.

5. 빨간색 타원형의 한쪽 끝을 꼬집듯 매만져 편평하게 만들어요.

6. 둥근 부분에 가위 끝으로 가위집을 5개 만들어요.

7. 가위집 안쪽을 오목하게 누른 다음, 가위집 낸 부분을 손가락으로 매만져 정리해 주세요.

8. 오목한 부분에 어두운빨간색 원형을 붙인 다음, 송곳으로 콕콕 자국을 내어 꼭지의 질감을 표현해요.

> 석류알의 중앙에 분홍색 파스텔을 칠하면 더욱 입체적으로 표현됩니다.

9. 윗부분에 꼭지를 붙여서 완성합니다.

적양파

소요시간 20분 내외
난이도 ★★★☆☆

도구 가위
색상 자주색(흰5+빨4+파1)
　　　흰분홍색(흰9.7+빨0.3)

1. 자주색 원형을 밀어서 물방울 모양을 만들어요.

2. 손가락으로 꼬집듯 매만져 한 면이 편평한 단면으로 만들어요.

> 적양파 단면의 편평한 부분보다 살짝 작게 만들어요.

3. 흰분홍색 원형을 납작하게 눌러요.

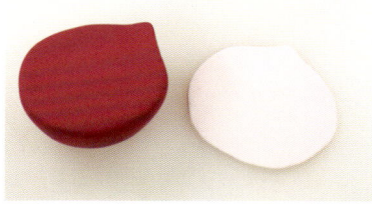

4. 한쪽 끝을 손가락으로 당겨서 단면과 같은 모양이 되도록 다듬어요.

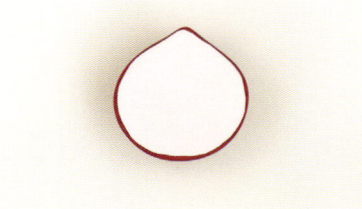

5. 자주색 단면 위에 올려서 붙여요.

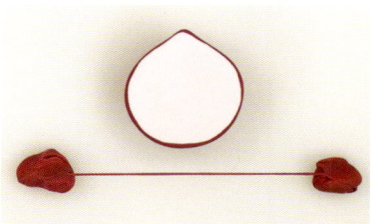

6. 자주색 클레이를 쭉 늘려 긴 줄을 만들어요.

> 바깥쪽부터 붙여요.

7. 단면의 외곽과 같은 모양으로 줄을 붙여서 양파의 겹을 표현해요.

8. 계속해서 안쪽으로 붙여서 적양파 단면을 완성합니다.

통마늘

소요시간 10분 내외
난이도 ★★☆☆☆

도구 칼 도구, 송곳

색상 흰눈색(흰9.9+검0.07+노0.03)
베이지색(흰9.5+노0.2+빨0.2+검0.1)

1 흰눈색 원형을 준비해요.

2 원형을 밀어서 손잡이가 짧은 마이크 모양으로 만들어요.

3 마이크의 손잡이 부분을 꼬집듯 매만져 편평하게 만들어요.

5곳에 자국을 내면 6쪽 마늘이 만들어집니다.

4 칼 도구의 칼등 부분으로 깊게 자국 내 통마늘의 굴곡을 표현해요.

5 칼 도구로 자국 내 껍질의 질감을 표현해요.

6 베이지색으로 한쪽 끝이 뾰족한 긴 줄을 여러 개 만들어요.

긴 줄과 송곳이 일직선이 되게 찍어 붙여요.

7 긴 줄의 뭉툭한 부분을 송곳으로 찍어서 통마늘의 밑부분에 찔러 넣어요.

8 같은 방법으로 뿌리를 여러 개 붙여서 통마늘을 완성합니다.

아스파라거스

소요시간 20분 내외
난이도 ★★★☆☆

도구 가위, 붓, 파스텔
색상 연두색(노9+파1)
고동색(노5+빨3+검2)

1 연두색 원형을 길게 밀어서 아주 긴 물방울 모양을 준비해요.

2 물방울의 뭉툭한 부분을 손가락으로 꼬집듯 매만져 줄기를 만들어요.

3 연두색 원형을 밀어서 물방울 모양으로 만들어요.

4 줄기 끝에 물방울을 붙여요.

5 연두색과 고동색을 그라데이션 기법(9p)으로 섞어서 원형을 만들어요.

6 그라데이션 원형을 조금씩 떼어 납작한 물방울 모양을 여러 개 만들어요.

물방울의 뾰족한 부분부터 붙이기 시작해요.

7 줄기 끝의 물방울 주위로 둘러 붙여 주세요.

8 줄기 옆을 돌아가며 가위 끝으로 가위집을 낸 다음, 갈색 파스텔을 칠해요.

9 몸에 좋은 아스파라거스가 완성되었습니다.

늙은 호박

소요시간 30분 내외
난이도 ★★★☆☆

도구 칼 도구, 도트봉
색상 진주황색(주황9.9+검0.1) ✻주황색(노8+빨2)
　　　 진노란색(노9.8+빨0.2)
　　　 카키색(노9+검1)

1 진주황색 타원형을 꼬집듯 매만져 한 면이 편평한 반구 모양으로 만들어요.

2 진노란색 원형을 손가락으로 살짝 밀어 타원형을 만들어요.

3 타원형을 반구와 같은 넓이로 납작하게 눌러서 반구 위에 붙여요.

4 칼 도구로 반구 겉면에 자국을 내어 표견의 굴곡을 표현해요.

5 카키색 원형 2개를 준비하여 하나는 원뿔 모양으로 만들고, 다른 하나는 납작하게 눌러 주세요.

6 납작한 원형을 호박 윗부분에 붙여요.

도트봉으로 눌러서 홈을 먼저 낸다음 붙여요.

7 그 위로 원뿔 모양을 붙여서 꼭지를 만들어요.

8 편평한 부분을 도트봉으로 눌러서 호박씨가 들어갈 홈을 만들어요.

9 홈 안에 진노란색으로 납작한 원형을 여러 개 만들어 붙여 완성합니다.

오이

소요시간 10분 내외
난이도 ★★☆☆☆

도구 붓, 파스텔, 밀대, 피자커터
색상 연두색(노9+파1)
　　　진초록색(파5+노4.5+검0.5)
　　　파스텔연두색(흰9.5+연두0.5) *연두색(노9+파1)

통오이

1 연두색 원형을 준비해요.

2 원형을 손가락으로 길게 민 다음, 살짝 구부려서 오이 모양을 만들어요.

3 연두색으로 작은 원형을 하나 더 준비해요.

4 원형을 손가락으로 살짝 민 다음, 오이 끝에 붙여서 꼭지를 표현해요.

5 진초록색 파스텔을 붓에 묻혀 오이의 양쪽 끝에 채색합니다.

6 아주 작은 진초록색 원형을 붙여서 질감을 표현하면 오이가 완성됩니다.

채 썬 오이

진초록색은 더 얇게 밀어요.

1 파스텔연두색과 진초록색 타원형을 밀대로 납작하게 밀어요.

진초록색을 위에 놓고 자르면, 피자커터에 밀려 두꺼워지니 반드시 아래로 놓아야 해요.

2 두 장을 서로 겹쳐서 진초록색을 아래로 놓은 다음, 피자커터로 길게 잘라요.

3 적당한 길이로 자르고 모아 붙여서 채 썬 오이를 완성합니다.

배추

소요시간 30분 내외
난이도 ★★★★☆

도구 꽃 밀대 또는 이쑤시개, 피자커터
색상 초록색(노6+파4)
  파스텔노란색(흰9.5+노0.5), 흰색

1. 초록색과 파스텔노란색 원형을 서로 다른 크기로 준비해요.

> 초록색을 더 크게 준비하면 2번처럼 초록잎을 만들 수 있어요.

2. 그라데이션 기법(9p)으로 섞어서 물방울 모양으로 만든 다음, 납작하게 눌러요.

3. 흰색 긴 물방울을 납작하게 누른 다음, 앞뒤로 붙여서 잎맥을 표현해요.

4. 꽃 밀대나 이쑤시개로 잎 부분을 촘촘히 굴리듯 눌러서 눌러서 주름을 만들어요.

5. 피자커터를 이용해 반으로 잘라요.

> 크기가 작을수록 파스텔노란색을 더 넣어 연한 색으로 만들어요.

6. 같은 방법으로 좀 더 작은 크기의 배춧잎을 여러 개 만들어요.

> 잎맥 아래쪽을 붙여 고정한 다음, 위쪽은 살짝만 붙여야 자연스러워요.

> 반으로 잘린 배춧잎의 직선 부분이 위로 오도록 붙여주세요.

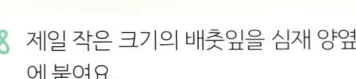

7. 파스텔노란색 물방울을 꼬집듯 매만져 한 면이 편평한 심재를 만들어요.

8. 제일 작은 크기의 배춧잎을 심재 양옆에 붙여요.

9. 점점 더 크고 진한 색을 붙여서 배추를 완성합니다.

옥수수

소요시간 30분 내외
난이도 ★★★★☆

도구 칼 도구
색상 노란색, 연노란색(흰9+노1)
연두색(노9+파1)

1 노란색 원형 24개와 연노란색 원형 4개를 준비해요.

2 원형을 한 손가락으로 살짝씩 눌러서 옥수수알을 표현해요.

3 옥수수알을 1,2,3,4,4,4,4,3,2,1개로 놓아 긴 육각형으로 배열해요.

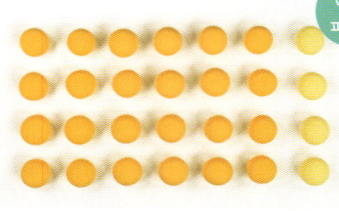

연노란색은 가장자리를 피해 원하는 위치에 놓아요.

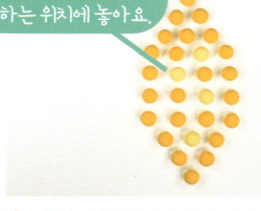

4 육각형의 윗부분부터 옥수수알이 서로 맞닿게 붙여요.

안쪽부터 붙인다음, 가장자리를 붙여 주세요.

5 계속해서 붙여요.

6 같은 방법으로 육각형 밑부분까지 붙여 줍니다.

7 연두색 원형 2개를 준비해요.

8 원형을 손가락으로 밀어서 양쪽 물방울 모양으로 만들어요.

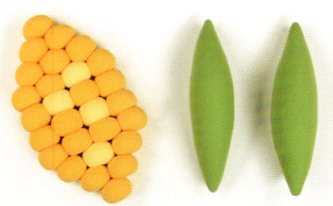

9 양쪽 물방울을 아주 납작하게 눌러요.

칼 도구에 클레이가 밀리지 않도록 칼끝으로 천천히 그어 주세요.

10 칼 도구로 그어 잎맥을 표현해요.

11 잎 하나는 옥수수 왼쪽에 감싸서 붙여요.

12 나머지 하나는 오른쪽에 붙여서 옥수수 껍질을 표현해요.

13 옥수수 한쪽 끝을 손가락으로 눌러서 편평하게 만들어요.

14 연두색 원형을 또 하나 준비해요.

15 원형을 손가락으로 꼬집듯 매만져 원기둥을 만들어요.

16 옥수수의 편평한 부분에 붙여서 옥수수 밑둥을 표현해요.

17 칼 도구로 밑둥에 자국을 내요.

18 먹음직스러운 옥수수가 완성되었습니다.

마요네즈

소요시간 30분 내외
난이도 ★★★★☆

도구 칼 도구
색상 흰색, 연분홍색(흰9.5+빨0.5)
밝은황토색(흰7+황토3) ✽황토색(노8.5+빨1.2+검0.3)

1 흰색 원형을 밀어서 물방울 모양으로 만들어요.

2 물방울을 살짝만 납작하게 눌러요.

3 위아래가 편평해지도록 손가락으로 꼬집어 마요네즈 통을 만들어요.

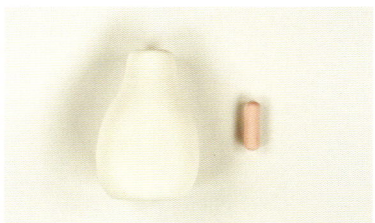

4 연분홍색 원형을 손가락으로 살짝 밀어 타원형을 만들어요.

5 타원형을 납작하게 누른 다음, 마요네즈 통에 붙여서 라벨을 표현해요.

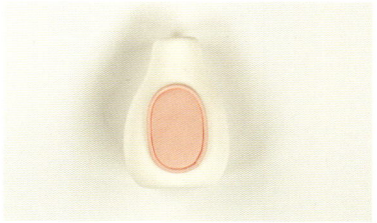

6 연분홍색으로 긴 줄을 만들어 라벨에 테두리를 둘러요.

피자커터를 사용해도 됩니다.

7 흰색 긴 줄을 만든 다음, 칼 도구로 눌러서 마요네즈 질감을 표현해요.

끝부분은 뾰족하게 꼬집어 주세요.

8 라벨 위에 지그재그로 붙여 줍니다.

9 밝은황토색 타원형을 살짝 눌러 원기둥 모양의 뚜껑을 만든 다음, 통 위에 붙여서 완성합니다.

케첩

소요시간 30분 내외
난이도 ★★★★☆

도구 밀대, 피자커터

색상 빨간색, 연두색(노9+파1), 초록색(노6+파4)
  밝은황토색(흰7+황토3) ✱ 황토색(노8.5+빨1.2+검0.3)

1 빨간색 원형을 길게 밀어서 긴 타원형을 준비해요.

2 타원형을 살짝 누른 다음, 바닥에 세워 아랫부분을 편평하게 해요.

3 윤곽을 손가락으로 꼬집듯 매만져 케첩 통을 만들어요.

4 연두색 원형을 밀대로 얇게 밀어요.

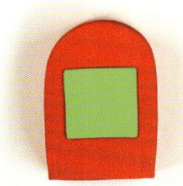

5 피자커터를 이용해 사각형으로 오린 다음, 케첩 통에 붙여서 라벨을 표현해요.

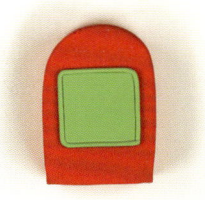

6 연두색으로 긴 줄을 만들어 라벨에 테두리를 둘러요.

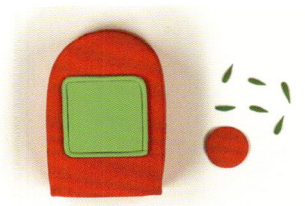

7 빨간색 원형 1개와 초록색 물방울 모양 6개를 납작하게 눌러요.

물방울의 뭉툭한 부분을 모아 붙여요.

8 라벨 위에 빨간색 원형과 초록색 물방울을 붙여서 토마토를 표현해요.

9 밝은황토색 타원형을 살짝 눌러 원기둥 모양의 뚜껑을 만든 다음, 통 위에 붙여서 완성합니다.

머스터드

소요시간 30분 내외
난이도 ★★★★☆

도구 피자커터
색상 레몬색(노6+흰4), 연두색(노9+파1)
갈색(노7+빨2.5+검0.5)
밝은황토색(흰7+황토3) ✱황토색(노8.5+빨1.2+검0.3)

1 레몬색 원형을 살짝 누른 다음, 바닥에 세워서 아랫부분을 편평하게 해요.

2 윤곽을 손가락으로 꼬집듯 매만져 머스터드 통을 만들어요.

3 연두색 타원형을 납작하게 눌러요. 이때 윗부분은 둥근 모양을 유지해야 합니다.

4 아랫부분을 피자커터로 잘라낸 다음, 통에 붙여서 라벨을 표현해요.

5 연두색으로 긴 줄을 만들어 라벨에 테두리를 둘러요.

6 갈색 타원형을 납작하게 눌러서 소시지를 준비해요.

7 밝은황토색으로 작은 물방울 모양을 3개 만들어 소시지 위에 붙여요.

8 소시지를 라벨 위에 살짝 구부려 붙인 다음, 레몬색 줄을 구불구불하게 붙여주세요.

9 밝은황토색 타원형을 살짝 눌러 원기둥 모양의 뚜껑을 만든 다음, 통 위에 붙여서 완성합니다.

소금과 후추

소요시간 30분 내외
난이도 ★★★☆☆

도구 도트봉, 송곳, 가위

색상 파스텔분홍색(흰9.5+빨0.4+노0.1)
파스텔하늘색(흰9.5+파0.4+노0.1)
밝은황토색(흰7+황토3) ※황토색(노8.5+빨1.2+검0.3)
흰색

1. 파스텔분홍색과 파스텔하늘색을 준비해요.

2. 원형을 끝부분이 뾰족하지 않은 물방울 모양으로 만들어요.

3. 위아래를 손가락으로 꼬집듯 매만져 아래가 더 넓은 원기둥을 만들어요.

4. 밝은황토색 원형을 2개 준비해요.

5. 원형을 꼬집듯 매만져 한 면이 편평한 반구 모양을 만들어요.

6. 도트봉으로 눌러서 구멍이 있는 뚜껑을 표현해요.

7. 원기둥 위에 뚜껑을 붙여서 소금통과 후추통을 만들어요.

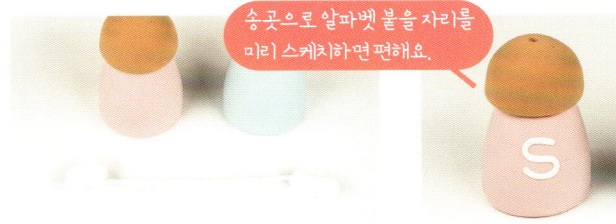

송곳으로 알파벳 붙을 자리를 미리 스케치하면 편해요.

8. 흰색 클레이를 쭉 늘려 긴 줄을 만들어주세요.

9. 긴 줄을 알파벳 'S'와 'P' 모양으로 붙여서 완성합니다.

Part3
식당놀이

생고기와 버터

소요시간 20분 내외
난이도 ★★★☆☆

도구 없음
색상 선홍색(빨5.8+흰4+검0.2)
　　　 우유색(흰9.9+노0.1)
　　　 밝은노란색(노8+흰2)

생고기

1 선홍색과 우유색 원형을 서로 다른 크기로 준비해요.

2 원형을 살짝 밀어 타원형을 만든 다음, 서로 이어 붙여요.

3 하프 믹스 기법(9p)으로 섞어서 원형을 만들어요.

4 원형을 손가락으로 살짝 밀어 타원형을 만들어요.

5 스테이크 두께로 납작하게 눌러요.

6 윤곽을 손가락으로 꼬집듯 매만져 생고기를 완성합니다.

버터

1 밝은노란색 원형을 손가락으로 살짝 밀어 타원형을 준비해요.

2 타원형을 살짝 누른 다음, 모서리를 눌러서 직육면체로 만들어요.

3 윤곽을 손가락으로 꼬집듯 매만져 버터를 완성합니다.

스테이크

소요시간 20분 내외
난이도 ★★★☆☆

도구 칼 도구
색상 고동색(노5+빨3+검2)
　　　 선홍색(빨5.8+흰4+검0.2)
　　　 흑갈색(노3.5+빨3.5+검3)

1 고동색과 선홍색 원형을 서로 다른 크기로 준비해요.

2 원형을 납작하게 누른 다음, 두 색을 겹쳐 붙여요.

3 그라데이션 기법(9p)으로 섞어서 원형을 만들어요.

4 생고기(70p) 4~6번처럼 스테이크 모양을 만들어요.

5 칼 도구로 눌러서 그릴 자국을 표현할 홈을 만들어요.

6 흑갈색 원형을 손가락으로 밀어서 긴 줄을 만들어요.

7 홈에 긴 줄을 넣어 붙여서 그릴 자국을 표현해요.

8 그릴 자국 위를 칼 도구의 칼등 부분으로 다시 눌러 주세요.

9 맛있게 구워진 스테이크가 완성되었습니다.

피클

소요시간 10분 내외
난이도 ★★☆☆☆

도구 밀대, 피자커터, 칼 도구
색상 밝은연두색(연두8+흰2) ✻연두색(노9+파1)
　　　 연초록색(노8.5+파1.5)

1 밝은연두색 원형을 피클 두께로 납작하게 눌러요.

2 윤곽을 손가락으로 꼬집듯 매만져 오이 과육을 준비해요.

3 연초록색 원형을 밀어서 긴 줄로 만들어요.

4 긴 줄을 밀대로 납작하게 밀어요.

5 납작해진 긴 줄을 피클 두께만큼 피자커터로 잘라서 껍질을 준비해요.

6 오이 과육에 껍질을 둘러 붙여요.

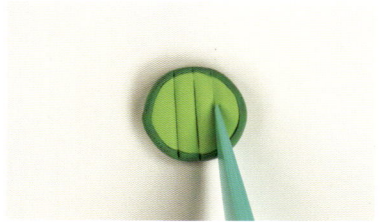

7 칼 도구로 눌러서 피클의 단면을 표현해요.

8 같은 방법으로 여러 개 만들어 완성합니다.

민트와 로즈마리

소요시간 10분 내외
난이도 ★★☆☆☆

도구 칼 도구
색상 밝은초록색(초록8+흰2) ✻ 초록색(노6+파4)

민트

1 밝은초록색 원형을 밀어서 물방울 모양으로 만들어요.

2 물방울을 납작하게 눌러 주세요.

3 칼 도구로 눌러서 잎맥을 표현해요.

4 같은 방법으로 잎을 하나 더 만들어 붙여서 민트 잎을 완성합니다.

로즈마리

1 밝은초록색으로 작은 원형을 10개 이상 준비해요. (하나는 좀더 크게 만들어요.)

2 큰 원형은 긴 줄로 만들고, 나머지는 살짝 밀어 양쪽 물방울로 만들어요.

3 긴 줄의 맨 위에 양쪽 물방울을 붙여 주세요.

4 그 아래도 마찬가지로 붙여요.

5 아랫부분을 조금 남기고 붙이면 로즈마리가 완성됩니다.

돈가스

소요시간 30분 내외
난이도 ★★★☆☆

도구 칼 도구
색상 어두운주황색(주황9.8+검0.2) ＊주황색(노8+빨2)

1 어두운주황색 원형을 손가락으로 살짝 밀어 타원형을 준비해요.

2 타원형을 살짝 눌러 원하는 두께로 만들어요.

엄지와 검지 사이에 놓고 한두 번 문지르면 말린 모양이 나와요.

3 어두운주황색 클레이를 손가락으로 조금씩 떼어 튀김옷을 준비해요.

4 돈가스 옆면에 촘촘히 붙여 줍니다.

5 튀김옷을 넉넉히 만들어 돈가스 윗면까지 촘촘히 채워요.

6 칼 도구로 자국을 내어 잘린 모양을 표현해요.

7 바삭한 돈가스가 완성되었습니다.

통닭

소요시간 20분 내외
난이도 ★★★☆☆

도구 솔 도구, 칼 도구, 도트봉

색상 갈색(노7+빨2.5+검0.5)
　　　 우유색(흰9.9+노0.1)

1 갈색 타원형을 솔 도구로 두드려 통닭 몸통의 질감을 표현합니다.

2 갈색 원형과 우유색 원형을 서로 다른 크기로 준비해요.

3 갈색은 물방울 모양으로 만들고, 우유색은 마이크 모양으로 만들어요.

4 갈색은 솔 도구로 두드리고, 우유색은 마이크 머리 부분을 칼 도구로 눌러서 뼈를 표현해요.

5 갈색 물방울 모양의 끝을 도트봉으로 눌러서 홈을 만들어요.

6 홈에 뼈를 붙여서 통닭 다리를 만들어요. 똑같이 하나 더 만들어요.

7 갈색 원형 2개를 밀어서 물방울 모양의 날개를 준비해요.

8 날개를 솔 도구로 두드려 질감을 표현해요.

9 통닭의 몸통에 날개와 다리를 붙여서 통닭을 완성합니다.

밥 종류

소요시간 30분 내외
난이도 ★★★☆☆

도구 없음
색상 흰색, 연두색(노9+파1)

쌀밥과 완두콩밥

1 흰색 원형을 꼬집듯 매만져 반구 모양의 심재를 만들어요.

> 연노란색으로 밥알을 만들면 볶음밥을 표현할 수 있어요.

2 흰색으로 작은 타원형을 여러 개 만들어 밥알을 준비해요.

> 반구의 편평한 부분에는 붙이지 않아도 괜찮아요.

3 심재의 아래쪽부터 밥알을 붙여요.

4 빈틈없이 채우면 쌀밥이 완성됩니다.

5 연두색으로 작은 원형을 여러 개 만들어 완두콩을 준비해요.

6 쌀밥 위에 완두콩을 함께 붙이면 완두콩밥이 완성됩니다.

밥알 덩어리

1 흰색 원형을 살짝 밀어서 타원형의 심재를 준비해요.

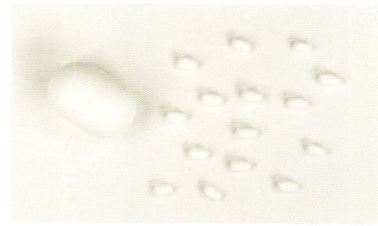

2 흰색으로 작은 타원형을 여러 개 만들어 밥알을 준비해요.

3 심재에 밥알을 붙여서 밥알 덩어리를 만들어요.

달걀초밥

소요시간 30분 내외
난이도 ★★★★☆

도구 밀대, 솔 도구, 피자커터
색상 흰색, 노란색, 검은색

달걀이 올라갈 부분에는 밥알을 붙이지 않아도 괜찮아요.

1 밥알 덩어리(76p 하단)를 준비해요.

2 노란색 원형을 살짝 밀어 타원형을 준비해요.

3 타원형을 손으로 살짝 누른 다음, 밀대를 이용해 달걀부침 두께로 밀어요.

4 솔 도구로 찍어서 달걀부침의 질감을 표현해요.

5 피자커터를 이용해 직사각형 모양으로 자른 다음, 밥에 얹어요.

6 검은색으로 긴 줄을 만든 다음, 밀대로 얇게 밀어요.

7 솔 도구로 찍어서 김의 질감을 표현해 주세요.

8 피자커터를 이용해 긴 직사각형으로 잘라요.

김의 양끝이 바닥에서 만나도록 붙여 주세요.

9 김으로 초밥을 감싸서 달걀초밥을 완성합니다.

연어초밥

소요시간 30분 내외
난이도 ★★★★☆

도구 밀대, 피자커터
색상 흰색
　　　밝은주황색(주황8+흰2) ＊주황색(노8+빨2)
　　　옅은주황색(흰9.9+주황0.1) ＊주황색(노8+빨2)

> 다시 밀어야 하니 너무 얇지 않게 합니다.

1 밥알 덩어리(76p 하단)를 준비해요.

2 밝은주황색 원형을 밀어서 긴 타원형을 만들어요.

3 타원형을 밀대로 살짝만 밀어요.

4 옅은주황색 클레이를 손으로 쭉 늘려 긴 줄을 준비해요.

5 긴 줄을 밝은주황색 위에 여러 줄 붙여서 줄무늬를 만들어요.

6 옅은주황색 줄무늬의 결을 따라서 밀대로 한 번 더 밀어요.

7 피자커터를 이용해 긴 삼각형 모양으로 잘라서 연어살을 표현해요.

8 밥알 덩어리 위에 연어살을 붙여서 완성합니다.

연어알군함말이

소요시간 20분 내외
난이도 ★★★☆☆

도구 밀대, 솔 도구, 피자커터, 붓, 파스텔
색상 흰색, 검은색
　　　밝은주황색(주황8+흰2) *주황색(노8+빨2)

1　흰색 원형을 살짝 밀어서 타원형으로 만들어요.

2　위아래를 손가락으로 꼬집듯 매만져 기둥 형태의 심재를 만들어요.

3　검은색으로 긴 줄을 만든 다음, 밀대로 얇게 밀어요.

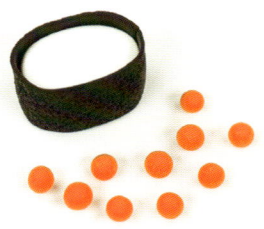

> 직사각형의 세로가 심재의 높이보다 높게 합니다.

4　솔 도구로 찍어서 김의 질감을 표현해 주세요.

5　피자커터를 이용해 긴 직사각형으로 잘라요.

6　밝은주황색 원형을 여러 개 만들어 연어알을 준비해요.

7　연어알을 김의 가장자리부터 채워요.

8　안쪽까지 모두 채워 주세요.

9　연어알 가운데를 붉은 계열의 파스텔로 칠하여 완성합니다.

달걀말이

소요시간 20분 내외
난이도 ★★★☆☆

도구 밀대, 솔 도구, 피자커터
색상 밝은노란색(노8+흰2)
     검은색

1 밝은노란색 긴 줄을 밀대로 밀어 납작하게 만들어요.

2 솔 도구로 눌러서 달걀말이의 질감을 표현해요.

3 피자커터를 이용해 긴 직사각형 모양으로 잘라 주세요.

김을 표현하므로 얇게 밀어야 해요.

4 검은색으로 달걀말이보다 약간 작고 얇은 직사각형을 만들어요.

질감을 표현한 면이 바깥에 오도록 해요.

5 밝은노란색 직사각형 위에 검은색 직사각형을 붙여요.

6 한쪽에서부터 돌돌 말아 줍니다.

7 옆부분을 솔 도구로 눌러서 질감을 표현해요.

8 달걀말이가 완성되었습니다.

달걀프라이

소요시간 10분 내외
난이도 ★★☆☆☆

도구 종이컵, 목공풀, 그로스 바니쉬, 붓
색상 밝은노란색(노8+흰2)
　　　 흰색

> 종이컵 대신 종이호일이나 책받침을 이용할 수 있어요.

> 목공풀이 마르면 달걀프라이가 익기 전처럼 투명해져요.

1 종이컵을 뒤집은 다음, 종이컵 바닥에 목공풀을 짜서 흰자를 준비해요.

2 밝은노란색 원형을 준비해요.

3 한 면이 편평한 반구 모양으로 빚은 다음, 흰자에 올려서 그대로 굳혀요.

4 목공풀이 투명하게 변하면 종이컵에서 떼 주세요.

5 노른자 부분에 그로스 바니쉬를 발라서 굳혀요.

6 흰색 원형을 손가락으로 살짝 밀어 타원형을 만들어요.

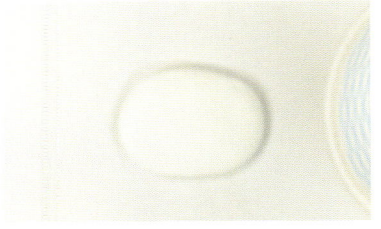

7 타원형을 납작하게 눌러서 흰자 모양을 만들어요.

8 밝은노란색 반구 모양을 흰자에 붙이면 익은 달걀프라이가 완성됩니다.

9 익기 전후의 달걀프라이가 완성되었습니다.

문어 비엔나소시지

소요시간 20분
난이도 ★★★☆☆

도구 가위
색상 밝은갈색(노8+빨1.7+검0.3)
　　　베이지색(흰9.5+노0.2+빨0.2+검0.1)
　　　검은색

다리를 8개로 만들면 모양이 예쁘지 않아요.

1 밝은갈색 원형을 손가락으로 살짝 밀어 타원형을 준비해요.

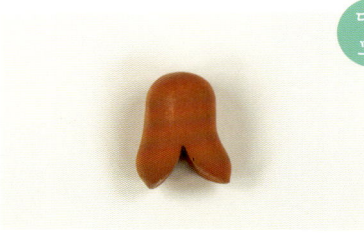

2 타원형의 아래쪽을 가위로 이등분합니다.

3 다시 가위로 잘라서 문어 다리 6개를 만들어요.

4 베이지색 작은 원형을 길게 밀어서 긴 물방울 6개를 준비해요.

5 물방울을 납작하게 눌러요.

6 납작해진 물방울을 문어 다리 안쪽에 붙여요.

7 밝은갈색 작은 원형을 문어 머리에 붙여서 소시지 꼭지를 표현해요.

8 검은색 작은 원형을 붙여서 문어의 눈을 표현해요.

9 검은색 긴 줄로 입을 표현하면 문어 비엔나소시지가 완성됩니다.

베이컨

소요시간 20분
난이도 ★★★☆☆

도구 밀대, 피자커터
색상 진분홍색(흰7+빨3), 분홍색(흰8.5+빨1.5)
흰분홍색(흰9.7+빨0.3), 고동색(노5+빨3+검2)
갈색(노7+빨2.5+검0.5)
베이지색(흰9.5+노0.2+빨0.2+검0.1)

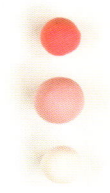

1 진분홍색, 분홍색, 흰분홍색 원형을 서로 다른 크기로 준비해요.
2 원형을 살짝 밀어 타원형을 만든 다음, 분홍색을 가운데 놓고 붙여요.
3 덩어리를 손으로 살짝 늘려요.

4 반으로 접어 주세요. 이때 약간 엇갈리게 접어야 예쁜 모양이 나와요.
5 손으로 다시 살짝 늘리고 납작하게 눌러 주세요.
6 흰분홍색 긴 줄을 위에 붙여서 베이컨의 지방층을 표현해요.

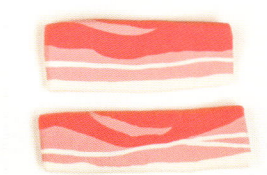

7 베이컨을 밀대로 민 다음, 직사각형 모양으로 잘라서 완성합니다.
8 고동색, 갈색, 베이지색 원형을 준비해 2~7번처럼 만들어요.
9 살짝 구부리면 노릇하게 구운 베이컨이 완성됩니다.

감자 샐러드

소요시간 30분 내외
난이도 ★★★☆

도구 밀대, 칼 도구, 가위, 이쑤시개, 오일, 솔 도구
색상 연미색(흰9.7+노0.3), 노란색
파스텔노란색(흰9.5+노0.5)
진초록색(파5+노4.5+검0.5)

마카로니

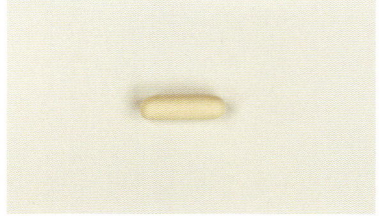

1 연미색 원형을 손가락으로 밀어서 긴 타원형을 만들어요.

2 밀대로 납작하게 눌러 줍니다.

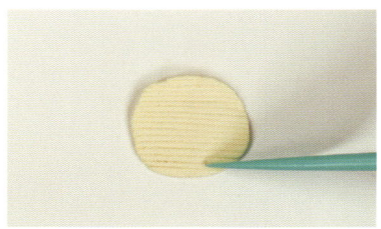

3 칼 도구로 눌러서 마카로니의 질감을 표현해요.

4 가위를 이용해 직사각형으로 잘라요.

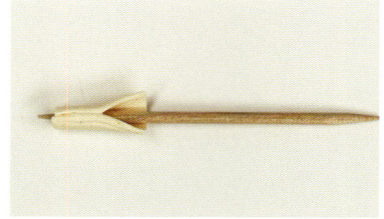

5 이쑤시개에 오일을 발라서 직사각형 위에 놓고 원통형으로 말아 붙여요.

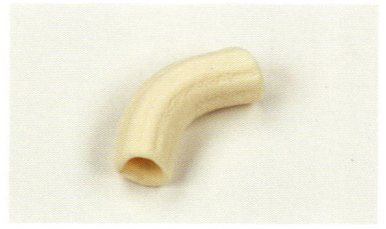

6 이쑤시개를 조심해서 빼낸 다음, 살짝 구부려서 마카로니를 완성합니다.

옥수수 알갱이

1 노란색 원형을 밀어서 물방울 모양으로 만들어요.

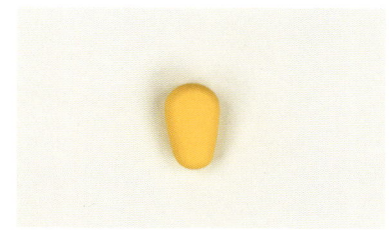

2 물방울을 납작하게 눌러요.

3 물방울의 좁은 부분을 가위로 잘라서 옥수수 알갱이를 완성합니다.

감자 샐러드

1. 파스텔노란색 원형을 만들어요.
2. 원형을 꼬집듯 매만져 한 면이 편평한 반구 모양을 만들어요.
3. 솔 도구로 눌러서 샐러드의 질감을 표현해요.

4. 마카로니와 옥수수 알갱이를 준비해 주세요.
5. 준비한 마카로니와 옥수수 알갱이를 샐러드 위에 붙여요.
6. 진초록색 클레이를 손톱 끝으로 조금씩 떼어 붙여서 샐러드를 완성합니다.

조각 치즈

소요시간 10분 내외
난이도 ★★☆☆☆

도구 도트봉
색상 진노란색 (노9.8+빨0.2)

1. 진노란색 원형을 손가락으로 눌러서 삼각형을 만들어요.
2. 윤곽을 손가락으로 꼬집듯 매만져 조각 치즈 모양으로 빚어요.
3. 도트봉으로 치즈 구멍을 표현하여 완성합니다.

꼬치구이

소요시간 20분 내외
난이도 ★★★☆☆

도구 솔 도구, 이쑤시개, 오일
색상 고동색(노5+빨3+검2), 연두색(노9+파1)
　　　주황색(노8+빨2), 빨간색

1 고동색 원형을 솔 도구로 눌러서 고기의 질감을 표현해요.

> 손바닥에 원형을 올려놓고 솔 도구로 굴리면 편해요.

2 연두색 원형을 길게 밀어 긴 물방울 모양의 파를 만들어요.

3 주황색 원형을 손가락으로 밀어 긴 타원형을 만들어요.

4 주황색 긴 타원형을 꼬집듯 매만져 긴 직육면체의 당근을 만들어요.

5 빨간색 원형을 길게 밀어 긴 타원형을 만들어요.

6 타원형을 꼬집듯 매만져 한 면이 편평한 파프리카 조각을 만들어요.

7 이쑤시개를 준비해요.

8 재료를 원하는 순서로 꽂아서 완성합니다.

> 고기의 원형이 찌그러질 수 있으니 이쑤시개에 오일을 발라서 살살 돌리며 끼워 주세요.

> 여러 색으로 다양한 재료를 만들어 보세요.

칵테일 새우

소요시간 10분 내외
난이도 ★★☆☆☆

도구 칼 도구

색상 옅은주황색(흰9.9+주황0.1) ✻주황색(노8+빨2)
　　　밝은주황색(주황8+흰2) ✻주황색(노8+빨2)

1 옅은주황색과 밝은주황색 원형을 준비해요.

2 원형을 살짝 밀어 타원형을 만든 다음, 서로 이어 붙여요.

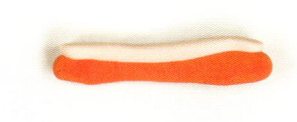
3 덩어리를 손으로 살짝 늘려요.

4 반으로 접어 주세요. 이때 약간 엇갈리게 접어야 예쁜 모양이 나와요.

5 한 번 더 반으로 접되, 엇갈리게 접어서 층이 많이 보이도록 해요.

6 그대로 손가락으로 밀어서 물방울 모양으로 만들어요.

7 물방울의 뾰족한 부분을 납작하게 눌러서 새우 꼬리를 표현해요.

8 꼬리 부분을 칼 도구로 자국을 내 꼬리의 질감을 표현해요.

9 몸통을 살짝 구부려 칵테일 새우를 완성합니다.

삼겹살

소요시간 10분 내외
난이도 ★★☆☆☆

도구 솔 도구, 붓, 파스텔
색상 갈색(노7+빨2.5+검0.5)
　　　 베이지색(흰9.5+노0.2+빨0.2+검0.1)

1 갈색과 베이지색 원형을 서로 다른 크기로 4개 이상 준비해요.

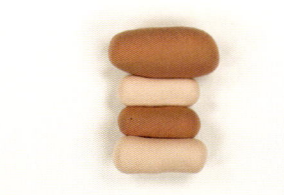

2 원형을 살짝 밀어 타원형을 만든 다음, 색이 겹치지 않게 이어 붙여요.

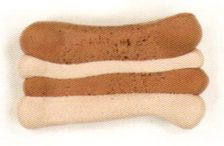

3 덩어리를 손으로 살짝 늘려요.

4 반으로 접어서 삼겹살 조각을 만들어 주세요.

5 베이지색 클레이를 쭉 늘려 긴 줄을 준비해요.

6 삼겹살 조각 위에 긴 줄을 붙여서 지방층을 표현해요.

7 윤곽을 손가락으로 꼬집듯 매만져요.

8 솔 도구로 눌러서 삼겹살의 질감을 표현해요.

9 붓에 갈색 파스텔을 묻혀 군데군데 칠하면 완성됩니다.

상추

소요시간 20분 내외
난이도 ★★★☆☆

도구 칼 도구, 꽃 밀대 또는 이쑤시개
색상 연두색(노9+파1)
　　　 백옥색(흰9.7+노0.2+파0.1)
　　　 흰색

1 연두색과 백옥색 원형을 서로 다른 크기로 준비해요.

2 그라데이션 기법(9p)으로 섞어서 긴 물방울 모양으로 만들어요.

3 물방울을 납작하게 눌러 주세요.

4 볼록한 가장자리를 칼 도구로 눌러서 올록볼록하게 표현해요.

5 그 위를 꽃 밀대나 이쑤시개로 촘촘히 굴리듯 눌러서 주름을 만들어요.

6 흰색 원형을 밀어서 아주 긴 물방울 모양으로 만들어요.

7 물방울을 납작하게 눌러 줍니다.

8 납작해진 물방울을 잎의 가운데 붙여서 잎맥을 만들어요.

9 잎맥도 5번처럼 질감을 표현하여 완성합니다.

상추쌈밥

소요시간 30분 내외
난이도 ★★★☆

도구 피자커터, 솔 도구, 송곳, 붓, 파스텔
색상 진초록색(파5+노4.5+검0.5), 연초록색(노8.5+파1.5)
갈색(노7+빨2.5+검0.5), 다홍색(노6+빨4)
연미색(흰9.7+노0.3), 흰색

썬 고추

연초록색을 더 두껍게 만들어요.

1 진초록색과 연초록색 원형을 서로 다른 크기로 준비해요.

2 원형을 길게 밀어서 긴 타원형을 만든 다음, 납작하게 눌러요.

3 진초록색 위에 연초록색을 붙여서 고추 과육을 준비해요.

진초록색을 위에 놓고 자르면, 피자커터에 밀려 두꺼워지니 반드시 아래로 놓아야 해요.

4 피자커터를 이용해 여러 개의 긴 직사각형으로 잘라요.

5 연초록색 원형을 밀어서 타원형을 만들어요.

6 타원형을 긴 직사각형 가운데에 직각이 되도록 붙여요.

7 긴 직사각형의 양끝을 동그랗게 말아 붙여요.

8 연미색 원형을 납작하게 눌러서 고추씨를 준비해요.

9 고추씨를 과육 위에 붙여서 잘게 썬 고추를 완성합니다.

쌈장

1 갈색은 큰 원형을 만들고, 다홍색은 조금씩 여러 개 뜯어서 준비해요.

2 갈색 원형 위에 다홍색 조각들을 붙여 주세요.

3 색이 서로 섞이지 않도록 손바닥으로 살살 굴려 원형을 만들어요.

들쑥날쑥한 모양이 더 자연스러워요.

4 반구 모양으로 빚어요.

5 볼록한 윗부분을 솔 도구로 눌러서 쌈장의 질감을 표현해요.

6 연미색 물방울을 깨처럼 여러 개 올려서 완성합니다.

구운 마늘

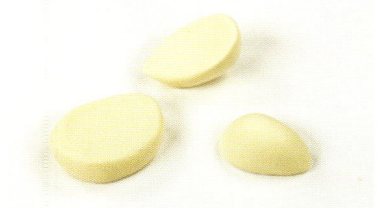
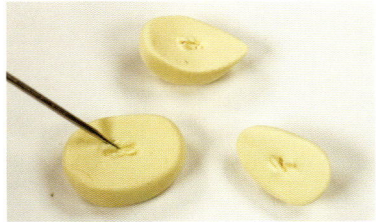

1 연미색 원형을 꼬집듯 매만져 원기둥이나 타원형 반구 모양으로 빚어요.

2 편평한 부분의 가운데를 송곳으로 긁어요.

3 붓에 갈색 파스텔을 묻혀서 군데군데 칠하면 구운 마늘이 완성됩니다.

상추쌈밥

심재를 만들 때 너무 반듯한 모양보다 울퉁불퉁한 모양이 더 자연스러워요.

모든 재료가 굳은 다음, 재료를 하나씩 올리며 쌈밥 만들기 놀이를 해도 좋아요.

1 쌀밥(76p)의 1~4번과 같은 방법으로 밥 한 숟가락을 만들어요.

2 상추(89p) 위에 밥 한 숟가락, 삼겹살(88p)을 먼저 올려요.

3 쌈장, 썬 고추, 구운 마늘을 그 위로 올려서 완성합니다.

Part4
카페놀이

스프링클 초콜릿

소요시간 40분 내외
난이도 ★★★☆☆

도구 칼 도구
색상 우유색(흰9.9+노0.1), 연분홍색(흰9.5+빨0.5)
　　　고동색(노5+빨3+검2), 흑갈색(노3.5+빨3.5+검3)
　　　파스텔색(11p)

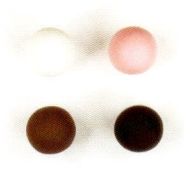

1 우유색, 연분홍색, 고동색, 흑갈색 원형을 준비해요.

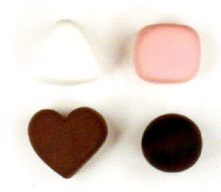

2 원형을 각각 윤곽이 부드러운 삼각기둥, 사각기둥, 하트기둥으로 만들어요.

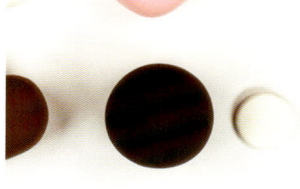

3 우유색 원형을 납작하게 눌러서 준비해요.

4 칼 도구로 눌러서 올록볼록한 크림을 만들어요.

5 올록볼록한 크림을 다시 한 번 손가락으로 납작하게 눌러요.

6 흑갈색 원형 위에 붙여요.

7 파스텔색으로 작은 원형을 만들어 붙여서 스프링클을 표현해요.

8 흑갈색 원형을 밀어서 양쪽 물방울 모양으로 만들어요.

9 양쪽 물방울의 한 면을 편평하게 한 다음, 세로로 납작하게 눌러요.

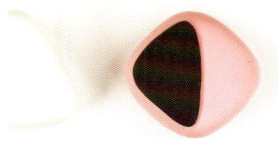

10 연분홍색 사각기둥 위에 붙여요.

11 우유색 클레이로 긴 줄을 만든 다음, 세모 위에 지그재그로 붙여요.

12 파스텔색으로 타원형을 만들어 붙여서 스프링클을 표현해요.

13 파스텔색으로 원형을 여러 개 만들어 납작하게 눌러요.

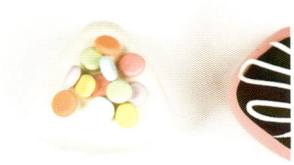

14 흰색 삼각기둥에 붙여서 스프링클을 표현해요.

15 흑갈색으로 긴 줄을 만들어 하트 기둥 위에 지그재그로 붙여요.

16 우유색 원형을 쭉 늘려요.

17 반으로 살짝 접어 줍니다.

18 계속해서 늘렸다 접었다를 두세 번 반복하여 생크림의 결을 표현해요.

19 하트기둥 위에 동그랗게 말아 붙여서 생크림을 표현해요.

20 생크림 위에 파스텔색을 손톱으로 뜯어 붙여요.

21 스프링클 초콜릿이 완성되었습니다.

화이트 초콜릿

소요시간 20분 내외
난이도 ★★★☆☆

도구 가위, 칼 도구

색상 우유색(흰9.9+노0.1)
흑갈색(노3.5+빨3.5+검3)

1 우유색 원형을 윤곽이 부드러운 사각 기둥으로 만들어요.

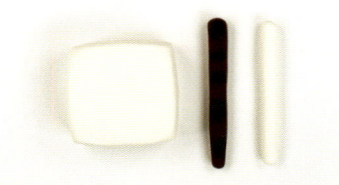

2 우유색, 흑갈색 원형을 손가락으로 밀어서 긴 줄을 만들어요.

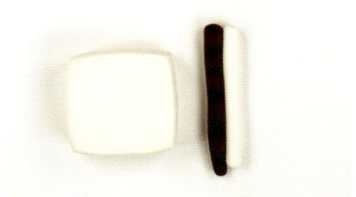

3 긴 줄을 서로 붙여 한 덩어리로 만들어 주세요.

4 덩어리를 살짝 비틀어 꼬아요.

너무 얇아지지 않게 조심하세요.

5 손가락으로 밀어서 막대 초콜릿을 만들어요.

6 막대 초콜릿을 반으로 잘라요.

7 흑갈색 원형을 손가락으로 살짝 밀어 타원형을 준비해요.

8 타원형을 꼬집듯 매만져 한 면이 편평한 반구 모양으로 만들어요.

9 반구의 편평한 부분을 칼 도구로 자국 내어 원두 모양을 표현해요.

10 사각기둥에 막대 초콜릿 1개를 얹어 주세요.

11 막대 초콜릿 위에 나머지 막대 초콜릿을 비스듬하게 얹어 붙여요.

12 원두 초콜릿을 얹어 화이트 초콜릿을 완성합니다.

딸기 초콜릿

소요시간 20분 내외
난이도 ★★★☆☆

도구 붓, 파스텔
색상 연분홍색(흰9.5+빨0.5)
　　　우유색(흰9.9+노0.1)
　　　빨간색

1 연분홍색 원형을 윤곽이 부드러운 원기둥으로 만들어요.

2 스프링클 초콜릿(95p) 16~19번처럼 우유색 생크림을 만들어 붙여요.

3 빨간색 원형을 밀어서 물방울 모양으로 만들어요.

4 빨간색 물방울을 꼬집듯 매만져 한쪽 면이 편평해지도록 해요.

5 붓에 흰색 파스텔을 묻혀서 딸기의 속살을 표현해요.

6 생크림 위에 딸기를 얹어서 딸기 초콜릿을 완성합니다.

타일 초콜릿

소요시간 20분 내외
난이도 ★★★★☆

도구 밀대, 송곳, 피자커터
색상 고동색(노5+빨3+검2)
　　　우유색(흰9.9+노0.1)

1 고동색 원형을 납작하게 눌러요.

> 피자커터로 자른 후 매만져도 됩니다.

2 납작해진 원형을 꼬집듯 매만져서 짧은 사각기둥 모양으로 만들어요.

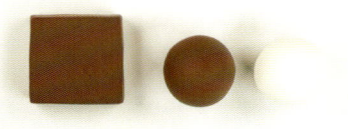

3 우유색, 고동색 원형을 같은 크기로 준비해요.

> 밀대로 동시에 밀면 편해요.
> 이때 서로 달라붙지 않게 조심하세요.

4 밀대를 이용해 같은 두께로 밀어요.

5 피자커터를 이용해 사각기둥과 같은 크기의 사각형으로 잘라 주세요.

> 가로세로 3등분하여 9조각으로 나눠도 괜찮아요.

6 송곳으로 가로세로 4등분 선을 표시하여 16조각으로 나눌 준비를 해요.

7 피자커터로 잘라 주세요.

8 우유색, 고동색 조각을 타일처럼 번갈아 놓고 붙여요.

9 사각기둥에 타일을 붙여서 타일 초콜릿을 완성합니다.

줄무늬 초콜릿

소요시간 30분 내외
난이도 ★★★☆☆

도구 가위

색상 흑갈색(노3.5+빨3.5+검3)
　　　 우유색(흰9.9+노0.1)
　　　 연분홍색(흰9.5+빨0.5)
　　　 고동색(노5+빨3+검2)

1. 흑갈색, 우유색, 연분홍색, 고동색 원형을 준비해요.

2. 원형을 각각 윤곽이 부드러운 사각기둥, 원기둥, 하트기둥, 반구 모양으로 만들어요.

3. 우유색 클레이로 긴 줄을 만들어요.

4. 반구 모양에 지그재그로 붙여요.

5. 마찬가지로 우유색 긴 줄을 만들어 사각기둥에 격자무늬로 붙여 줍니다.

6. 고동색 클레이로 긴 줄을 만든 다음, 하트기둥에 하트 모양으로 둘러요.

7. 연분홍색 클레이로 긴 줄을 만든 다음, 원기둥에 나선형으로 둘러요.

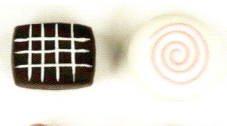

8. 줄무늬 초콜릿이 완성되었습니다.

아몬드 초콜릿

소요시간 20분 내외
난이도 ★★★☆☆

도구 칼 도구
색상 흑갈색(노3.5+빨3.5+검3), 빨간색 흰색, 밝은갈색(노8+빨1.7+검0.3)

1 흑갈색, 빨간색 원형을 준비해요.

2 윤곽이 부드러운 삼각기둥과 하트기둥으로 만들어요.

3 스프링클 초콜릿(95p) 16~19번처럼 흰색 생크림을 하트기둥에 붙여요.

4 밝은갈색 원형 2개를 밀어서 물방울 모양으로 만들어요.

5 물방울을 납작하게 눌러서 아몬드를 준비해요.

6 칼 도구로 자국을 내 아몬드 껍질의 질감을 표현해요.

7 아몬드를 얹어서 아몬드 초콜릿을 완성합니다.

롤케이크

소요시간 20분 내외
난이도 ★★★★☆

도구 밀대, 피자커터, 솔 도구, 붓, 파스텔

색상 흑갈색(노3.5+빨3.5+검3)
갈색(노7+빨2.5+검0.5)
흰색, 빨간색

1 흑갈색, 갈색, 흰색 타원형을 서로 다른 크기로 준비해요.

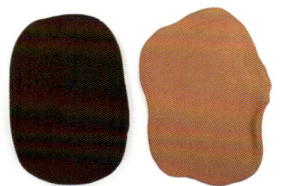

2 밀대를 이용해 흑갈색은 두께 있게, 갈색은 얇게 밀어서 준비해요.

3 흑갈색에 갈색을 얹어 긴 직사각형으로 자르고, 흰색은 양쪽 끝을 매만져서 원기둥 모양으로 만들어요.

4 긴 직사각형 위에 흰색 원기둥을 얹고 돌돌 말아서 롤케이크를 만들어요.

5 롤케이크의 겉면을 솔 도구로 눌러서 질감을 표현합니다.

6 빨간색 물방울 모양을 납작하게 눌러서 롤케이크의 옆면에 붙여요.

7 붓에 흰색 파스텔을 묻혀서 딸기의 속살을 표현합니다.

8 다양한 색의 과일을 붙여서 롤케이크를 하나 더 만들어요.

9 원하는 토핑(120~123p)을 꽂아서 나만의 케이크로 장식해도 좋아요.

케이크 시트(118p) 7~8번처럼 롤케이크에 구멍을 먼저 만들어요.

생크림 케이크

소요시간 20분 내외
난이도 ★★★☆☆

도구 도트봉, 송곳
색상 흰색, 빨간색
　　　 초록색(노6+파4)

1 흰색 원형을 꼬집듯 매만져 반구 모양으로 만들어요.

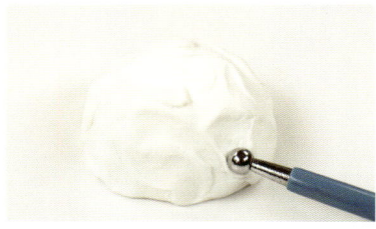

2 손가락이나 도트봉으로 반구 위를 물결처럼 매만져서 생크림을 표현해요.

3 빨간색 원형을 밀어서 물방울 모양의 딸기를 만들어요.

4 생크림 케이크 위에 딸기를 얹어요.

5 송곳으로 딸기에 구멍을 내 딸기 씨앗을 표현해요.

6 초록색 작은 원형 5개를 밀어서 긴 물방울을 만들어요.

7 물방울을 납작하게 눌러서 딸기 꼭지를 준비해요.

8 딸기 위에 딸기 꼭지를 붙여서 완성합니다.

팬케이크

소요시간 20분 내외
난이도 ★★★☆☆

도구 붓, 파스텔, 가위, 도트봉
색상 연미색(흰9.7+노0.3), 흰색
　　　 남보라색(보라9.7+검0.3) *보라색(빨6+파4)

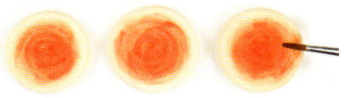

1. 연미색 원형을 같은 크기로 3개 준비 허요.
2. 원형을 납작하게 눌러서 팬케이크를 만들어요.
3. 붓에 갈색 파스텔을 묻혀 팬케이크 윗면에 동그랗게 굴리며 칠해요.

4. 팬케이크를 서로 엇갈리게 얹어서 붙여요.
5. 스프링클 초콜릿(95p) 16~19번처럼 흰색 생크림을 둥글게 올려요.
6. 남보라색 원형을 준비해요.

돌아가며 가위집을 넣어서 별 모양이 나오도록 해요.

생크림을 도트봉으로 오목하게 누른 다음 붙여요.

7. 원형 윗부분에 가위 끝으로 가위집을 내어 블루베리 꼭지를 표현해요.
8. 가위집 안쪽을 도트봉으로 눌러서 블루베리를 완성해요.
9. 생크림 윗부분에 블루베리를 붙여서 팬케이크를 완성합니다.

쿠키와 도넛

소요시간 30분 내외
난이도 ★★★★☆

도구 칼 도구, 송곳, 밀대, 피자커터, 붓, 파스텔
색상 밝은황토색(흰7+황토3) *황토색(노8.5+빨1.2+검0.3)
갈색(노7+빨2.5+검0.5), 흑갈색(노3.5+빨3.5+검3)
우유색(흰9.9+노0.1), 미색(흰9.4+노0.5+빨0.1)

초코샌드쿠키

1 밝은황토색 원형 2개와 갈색 원형 1개를 서로 다른 크기로 준비해요.

2 원형을 원하는 쿠키 두께로 납작하게 눌러 주세요.

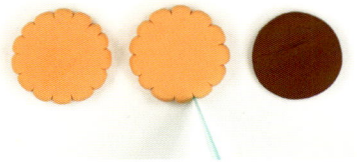

3 밝은황토색의 가장자리를 칼 도구로 눌러서 올록볼록하게 만들어요.

4 밝은황토색 사이에 갈색을 넣어서 붙여요.

5 송곳으로 구멍을 내면 초코샌드쿠키가 완성됩니다.

브라우니쿠키

1 흑갈색과 우유색 원형을 서로 다른 크기로 준비해요.

바닥이 비칠 정도로 얇게 밀어 주면 좋아요.

2 우유색 원형을 밀대로 아주 얇게 밀어 줍니다.

3 얇게 민 우유색으로 흑갈색 원형을 감싸서 원형을 만들어요.

자연스럽게 금이 가면서 안쪽의 흑갈색이 나타납니다.

4 원형을 누른 다음, 얇은 반구 모양의 크기로 만들어요.

5 반구를 여러 번 휘었다 폈다를 반복해 주세요.

6 브라우니쿠키가 완성되었습니다.

링쿠키

1 디색 원형을 손가락으로 밀어서 긴 줄을 만들어요.

2 피자커터를 이용해 긴 줄 위에 줄무늬를 만들어요.

3 줄을 살짝 비틀어 꼬아 주세요.

4 긴 줄을 동그랗게 말아서 붙여요.

5 붓에 갈색 파스텔을 묻혀서 칠해요.

6 고소한 링쿠키가 완성되었습니다.

츄이스티 도넛

위아래는 2개씩 수평으로 붙여서 한 덩어리로 만들어요.

1 밝은황토색 원형을 6개 준비한 다음, 사진과 같이 배치해요.

2 가운데 있는 원형을 위쪽 덩어리의 양 옆에 사선으로 붙여요.

3 아래쪽 덩어리를 마저 붙여서 츄이스티 도넛을 완성합니다.

마들렌

소요시간 20분 이내
난이도 ★★★☆☆

도구 칼 도구, 붓, 파스텔
색상 미색(흰9.4+노0.5+빨0.1)

1 미색 원형을 준비해요.

2 원형을 밀어서 물방울 모양으로 만들어요.

3 물방울의 뾰족한 끝부분을 손가락으로 꼬집어 편평하게 만들어요.

4 나머지 부분은 손가락으로 꼬집어 윤곽을 또렷하게 만들어요.

5 칼 도구의 칼등 부분으로 눌러서 마들렌의 굴곡진 모양을 표현해요.

6 붓에 갈색 파스텔을 묻혀서 노릇노릇하게 채색해요.

7 달콤한 마들렌이 완성되었습니다.

에그타르트

소요시간 20분 이내
난이도 ★★★☆☆

도구 도트봉, 칼 도구, 붓, 파스텔, 그로스 바니쉬
색상 미색(흰9.4+노0.5+빨0.1)
　　　레몬색(노6+흰4)

1　미색 원형을 살짝만 밀어서 끝이 뭉툭한 물방울 모양으로 만들어요.

2　물방울의 위아래를 살짝 누르고 꼬집듯 매만져 윗면이 넓은 원기둥 모양을 만들어요.

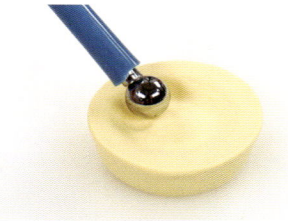

3　윗면의 안쪽을 도트봉으로 눌러서 달걀 필링이 담길 홈을 만들어요.

4　가장자리를 칼 도구로 자국을 내 타르트 쉘을 만들어요.

5　레몬색 원형을 납작하게 눌러서 달걀 필링을 준비해요.

6　타르트 쉘 안에 달걀 필링을 넣어 붙여 주세요.

7　붓에 갈색 파스텔을 묻혀서 타르트 쉘의 가장자리에 칠해요.

8　달걀 필링의 군데군데를 노릇하게 칠해 주세요.

9　필링에 그로스 바니쉬를 발라서 에그타르트를 완성합니다.

햄치즈샌드위치

소요시간 30분 내외
난이도 ★★★★☆

도구 밀대, 솔 도구, 피자커터
색상 우유색(흰9.9+노0.1), 흰색
　　　 밝은노란색(노8+흰2)
　　　 파스텔분홍색(흰9.5+빨0.4+노0.1)

1 우유색 원형을 준비해요.

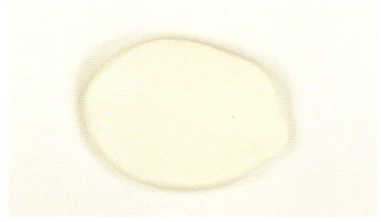
2 원형을 밀대로 납작하게 밀어서 식빵 두께로 만들어요.

3 솔 도구로 두드려서 식빵의 질감을 표현합니다.

4 피자커터를 이용해 정사각형으로 잘라서 식빵을 만들어요.

5 같은 방법으로 식빵을 2개 더 만들어 주세요.

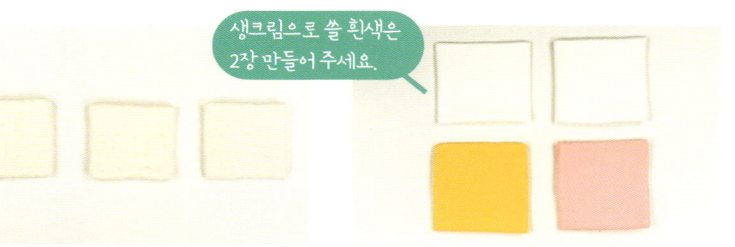

생크림으로 쓸 흰색은 2장 만들어 주세요.

6 흰색, 밝은노란색, 파스텔분홍색으로 같은 크기의 정사각형을 만들어요.

7 정사각형 모두를 대각선으로 잘라서 삼각형을 만들어요.

8 흰색 위에 밝은노란색과 파스텔분홍색을 각각 얹어서, 치즈와 햄을 준비해요.

9 식빵→치즈→식빵→햄→식빵 순으로 얹어서 샌드위치를 완성합니다.

4색우유

소요시간 1시간
난이도 ★★★★★

도구 밀대, 피자커터, 가위, 칼 도구, 가위, 송곳

색상 흰색, 연초록색(노8.5+파1.5), 연분홍색(흰9.5+빨0.5)
고동색(노5+빨3+검2), 진노란색(노9.8+빨0.2)
베이지색(흰9.5+노0.2+빨0.2+검0.1)
검은색, 빨간색, 노란색

우유갑

1 흰색 원형을 손가락으로 꼬집듯 매만져 직육면체를 만들어요.

2 흰색 원형을 꼬집듯 매만져 지붕 모양을 만든 다음, 직육면체 위에 붙여요.

3 연초록색 원형을 밀대로 얇게 밀어서 피자커터로 직사각형을 만들어요.

> 지붕을 덮을 수 있는 크기로 맞춰 잘라요.

4 연초록색 긴 줄을 얇게 민 다음, 물결 무늬로 잘라서 아래쪽에 둘러 붙여요.

5 흰색 줄을 납작하게 민 다음, 직사각형으로 잘라서 준비해요.

> 피자커터로 자른 다음, 칼 도구로 눌러서 물결 무늬를 만들어요.

6 우유갑 지붕의 끝에 직사각형을 붙여주세요.

7 연초록색 긴 줄로 우유갑 옆면에 '우유', 'milk' 등 원하는 문구를 새겨요.

8 흰색 하트로 지붕을 장식하고, 연초록색 삼각형으로 여는 부분을 표시해요.

9 같은 방법으로 연분홍색, 고동색, 진노란색 우유갑을 만들어 보세요.

🟢 **흰 우유**

1 흰색 원형과 베이지색 타원형을 납작하게 눌러요.

2 흰색 아래에 베이지색을 붙여 젖소 머리를 준비해요.

3 흰색 작은 물방울 2개를 납작하게 누른 다음, 머리 위로 붙여서 귀를 표현해요.

💬 귀보다 조금 작게 만들어요.

4 베이지색 작은 물방울을 납작하게 만들어 붙여서 뿔을 표현해요.

5 검은색 작은 원형을 붙여서 젖소의 눈을 만들어요.

6 송곳으로 눌러서 콧구멍을 표현해 주세요.

7 검은색 클레이를 조금 떼어 납작하게 눌러 붙여서 점무늬를 표현해요.

8 연초록색 지붕 우유갑에 붙여서 흰 우유를 완성합니다.

🔴 **초코우유**

1 고동색 클레이를 납작하게 민 다음, 직사각형으로 잘라요.

2 칼 도구로 작은 사각형을 그려 넣어서 판 초콜릿을 표현해요.

3 고동색 지붕 우유갑에 붙여서 초코우유를 완성합니다.

딸기우유

1 빨간색 물방울과 연초록색 물방울 3개를 서로 다른 크기로 준비해요.

2 납작하게 누른 다음, 빨간색 위에 연초록색을 붙여서 딸기를 표현해요.

3 연초록색 작은 원형을 손가락으로 살짝 밀어 딸기 꼭지를 붙여요.

4 송곳으로 찍어서 딸기 씨앗을 표현해 주세요.

5 연분홍색 지붕 우유갑에 붙여서 딸기우유를 완성합니다.

바나나우유

1 느란색 원형 3개를 밀어서 타원형으로 만들어요.

2 타원형을 납작하게 누른 다음, 칼 도구로 자국 내 바나나를 만들어요.

3 바나나의 한쪽 끝을 모아 붙여요.

4 노란색 타원형 2개를 서로 다른 크기로 준비해요.

5 바나나 위에 'T'자 모양으로 붙여서 바나나 송이를 만들어요.

6 진노란색 지붕 우유갑에 붙여서 바나나우유를 완성합니다.

팥빙수

소요시간 40분 내외
난이도 ★★★★★

도구 투명구, 솔 도구, 도트봉, 매트 바니쉬, 붓, 목공풀, 흰색 물감
색상 흰색, 흑갈색(노3.5+빨3.5+검3), 분홍색(흰8.5+빨1.5)
주황색(노8+빨2), 노란색, 연두색(노9+파1)
빨간색, 어두운빨간색(빨9.8+검0.2)

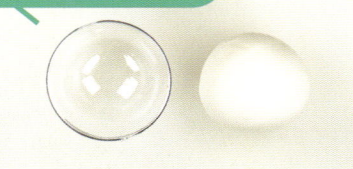

공예용 투명구가 없으면, 일회용 플라스틱컵의 뚜껑을 이용해요.

1 투명구와 흰색 원형을 준비해요.

투명구 안으로 들어갈 부분도 미리 두드려 넣으면 더욱 생생해요.

2 투명구에 원형을 넣은 다음, 솔 도구로 두드려서 얼음의 질감을 표현해요.

3 흑갈색 원형을 꼬집듯 매만져 납작한 반구 모양으로 만들어요.

4 같은 색으로 타원형 모양을 여러 개 만들어 팥알을 준비해요.

5 반구의 아래쪽부터 팥알을 둘러 붙여 주세요.

6 반구 위쪽까지 빈틈이 보이지 않도록 붙여서 팥 덩어리를 만들어요.

7 얼음의 윗부분을 도트봉으로 눌러서 팥이 들어갈 홈을 만들어요.

8 홈 안에 팥 덩어리를 붙여 주세요.

과정을 생략할 수 있어요.

9 팥에 매트 바니쉬를 발라서 윤기를 표현해 주세요.

10 분홍색 원형을 준비해요.

11 원형을 꼬집듯 매만져 한 면이 편평한 반구 모양으로 만들어요.

12 분홍색으로 긴 줄을 준비하여, 반구의 가장자리에 둘러 붙여요.

13 솔 도구로 눌러서 아이스크림의 질감을 표현해요.

14 팥 위에 아이스크림을 얹어 주세요.

15 주황색, 노란색, 연두색으로 정육면체 모양의 과일 젤리를 준비해요.

16 팥 주위로 젤리를 군데군데 붙여 장식해요.

17 흰색 원형을 여러 개 만들어 붙여서 떡을 표현해요.

목공풀이 마르면 투명해지므로 흰색 물감을 반드시 넣어야 해요.

18 목공풀에 흰색 물감을 섞은 다음, 맨 위에 뿌려서 연유를 표현해요.

19 빨간색 원형과 어두운빨간색 긴 줄을 준비해 주세요.

20 원형에 도트봉으로 홈을 낸 다음, 긴 줄을 붙여서 체리를 만들어요.

21 체리를 연유 위에 얹어서 팥빙수를 완성합니다.

주스

소요시간 30분 내외
난이도 ★★★★★

도구 밀대, 피자커터, 칼 도구, 송곳, 가위, 도트봉
색상 흰색, 주황색(노8+빨2)
연두색(노9+파1)
연노란색(흰9+노1)

> 직육면체 윗면을 감쌀 수 있는 크기로 잘라요.

1 흰색 타원형을 꼬집듯 매만져 직육면체로 만들어요.

2 주황색 타원형을 얇게 민 다음, 피자커터로 잘라서 직사각형을 만들어요.

3 직사각형의 한쪽 끝을 세모로 잘라서 팩의 옆면을 준비해요.

4 세모로 자른 부분을 옆면으로 붙인 다음, 반대쪽 끝도 세모로 잘라요.

5 자른 부분을 옆면에 완전히 붙여요.

6 칼 도구를 이용해 윗면에 2줄로 줄무늬를 내요.

7 주황색 작은 원형을 납작하게 눌러서 앞면에 붙여요.

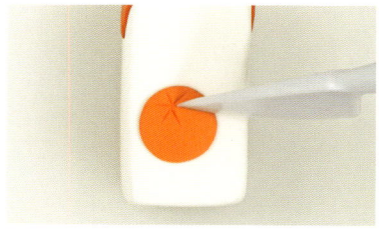

8 원형 윗부분에 칼 도구로 '✕' 모양을 그어서 꼭지 붙을 자리를 만들어요.

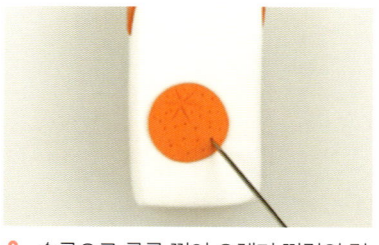

9 송곳으로 콕콕 찍어 오렌지 껍질의 질감을 표현해요.

10 연두색으로 아주 작은 원형과 물방울을 납작하게 눌러서 준비해요.

11 꼭지 자리에 원형과 물방울을 붙여서 꼭지를 표현해요.

12 주황색 원형을 또 하나 준비해요.

13 원형을 납작하게 눌러요.

원형에 딱 맞게 잘라서 붙이는 것보다 조금 크게 붙였다가 필요 없는 부분을 자르는 것이 편해요.

14 연노란색으로 긴 줄을 만들어 붙여서 오렌지 속살을 표현해요.

15 연노란색으로 조금 더 두꺼운 줄을 만들어 가장자리에 둘러 붙여요.

16 주황색으로 긴 줄을 한 번 더 둘러서 오렌지 단면을 완성해요.

17 주스 팩 위에 오렌지 단면을 붙여요.

아크릴 물감을 이용해도 좋아요.

18 주황색 클레이로 긴 줄을 만들어 원하는 단어를 새겨요.

19 흰색 원형을 손가락으로 밀어 긴 줄을 만들어요.

20 긴 줄 끝부분을 칼 도구로 자국을 내 빨대의 주름을 표현해요.

도트봉으로 눌러서 홈을 만든 다음, 빨대를 붙여요.

21 주스 팩 위에 빨대를 구부려 붙여서 주스를 완성합니다.

Part5
토핑놀이

케이크 시트

소요시간 20분 내외
난이도 ★★★☆☆

도구 이쑤시개, 오일, 가위
색상 흰색, 흑갈색(노3.5+빨3.5+검3)

1 흰색 원형을 손바닥으로 누른 다음, 아랫부분을 꼬집듯 매만져 케이크 시트 모양을 준비해요.

2 스프링클 초콜릿(95p) 16~18번처럼 흰색 생크림을 만들어요.

3 생크림을 끝에서부터 한 방향으로 비틀어 꼬아요.

4 뭉툭한 끝은 자른 후, 케이크 시트의 아랫부분에 둘러 붙여요.

5 흑갈색 클레이를 쭉 늘려 긴 줄을 만들어요.

> 초콜릿 크림 없이 하얀 시트로 만들어도 좋아요.

6 긴 줄을 지그재그로 붙여서 초콜릿을 얹은 케이크 시트를 완성합니다.

7 이쑤시개에 오일을 묻힌 다음, 케이크 시트에 구멍을 깊게 냅니다.

8 케이크 시트를 완전히 말려요.

9 원하는 토핑(120~123p)을 꽂아서 나만의 케이크를 만들어 보세요.

무지개 케이크

소요시간 30분 내외
난이도 ★★★★☆

도구 밀대, 쿠키커터, 오일, 이쑤시개
색상 빨간색, 주황색(노8+빨2), 노란색, 초록색(노6+파4)
파란색, 보라색(빨6+파4), 흰색

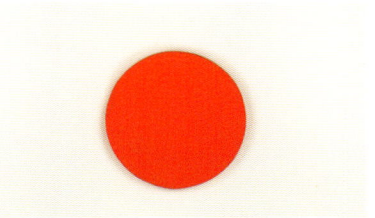

1 빨간색 원형을 밀대로 납작하게 밀어 주세요.

쿠키커터에 오일을 묻히면 달라붙지 않아요.

2 납작해진 원형을 둥근 쿠키커터로 찍어서 시트를 만들어요.

3 빨간색 시트가 완성되었습니다.

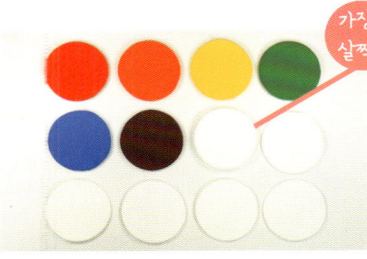

가장 위에 놓을 흰색 시트 한 장은 살짝 두껍게 만들어 주세요.

4 마찬가지로 주황, 노랑, 초록, 파랑, 보라색 1장과 흰색 6장을 준비해요.

5 맨 위와 무지개색 중간에 흰색을 넣어서 무지개 케이크 시트를 만들어요.

6 흰색 원형을 둥근 원뿔 형태로 빚어 생크림을 준비해요.

케이크 시트(118p) 7~8번처럼 무지개 케이크에 구멍을 먼저 만들어요.

7 케이크 위에 생크림을 얹어 붙여요.

8 무지개색 타원형을 여러 개 만든 다음, 생크림 위에 붙여서 완성합니다.

9 원하는 토핑(120~123p)을 꽂아서 나만의 케이크로 만들어 보세요.

과일 토핑

소요시간 30분 내외
난이도 ★★★☆☆

도구 칼 도구, 이쑤시개, 목공풀, 가위, 도트봉, 송곳
색상 노란색, 주황색(노8+빨2)
연두색(노9+파1), 백옥색(흰9.7+노0.2+파0.1), 검은색
빨간색, 국방색(노4.8+파3.2+검2)

파인애플 토핑

1 노란색 원형을 손가락으로 길게 밀어서 긴 타원형을 만들어요.

2 타원형을 손가락으로 꼬집듯 매만져 긴 직육면체를 만들어요.

3 직육면체를 구부려서 파인애플 조각 모양을 표현해요.

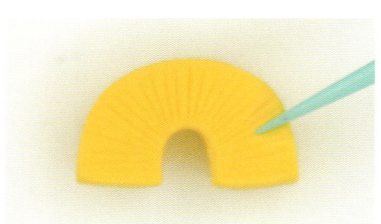

4 칼 도구로 빗살무늬를 만들어 파인애플 조각을 완성합니다.

5 이쑤시개 끝에 목공풀을 아주 소량만 바른 다음, 오목한 부분에 꽂아요.

> 여러 번 꽂았다 뽑았다 하기 때문에 이쑤시개에 목공풀을 발라서 꽂아야 튼튼해요.

6 이쑤시개를 적당한 길이로 잘라서 파인애플 토핑을 완성합니다.

귤 토핑

1 주황색 원형을 밀어서 양쪽 물방울 모양으로 만들어요.

2 양쪽 물방울을 살짝 눌러 반달 모양으로 빚은 다음, 칼 도구로 빗살무늬를 만들어요.

3 파인애플 토핑 5~6번처럼 이쑤시개를 꽂아서 귤 토핑을 완성합니다.

키위 토핑

1 연두색 원형을 밀어서 양쪽 물방울 모양으로 만들어요.
2 양쪽 물방울을 살짝 누르고 꼬집듯 매만져 각진 반달 모양을 만들어요.
3 백옥색 작은 원형을 납작하게 눌러요.

4 원형을 반달 아래쪽에 붙이고 튀어나온 부분은 잘라서 키위 심을 표현해요.
5 검은색 원형을 키위 씨앗처럼 군데군데 붙여서 키위 조각을 완성합니다.
6 파인애플 토핑 5~6번처럼 이쑤시개를 꽂아서 키위 토핑을 완성합니다.

체리 토핑

1 빨간색 원형과 국방색 짧은 줄로 체리 과육과 꼭지를 준비해요.
2 도트봉으로 빨간색 과육을 눌러 체리 꼭지를 붙일 홈을 만들어요.
3 홈에 꼭지를 붙인 다음, 파인애플 토핑 5~6번처럼 이쑤시개를 꽂아서 체리 토핑을 완성합니다.

딸기 토핑

1 빨간색 원형을 살짝 밀어서 물방울을 만들어요.
2 물방울을 송곳으로 찍어서 딸기 씨앗을 표현해요.
3 파인애플 토핑 5~6번처럼 이쑤시개를 꽂으면 딸기 토핑이 완성됩니다.

생크림 토핑

소요시간 20분 내외
난이도 ★★★☆☆

도구 이쑤시개, 목공풀, 가위
색상 흰색
　　　　 파스텔색(11p)

1 흰색 원형을 준비해요.

2 원형을 둥근 느낌의 원뿔 모양으로 빚어 심재를 준비해요.

3 스프링클 초콜릿(95p) 16~18번처럼 흰색 생크림을 만들어요.

4 심재의 아래쪽부터 위쪽으로 생크림을 둘러서 붙여 줍니다.

5 생크림 끝부분은 뾰족하게 올라오도록 표현합니다.

6 파스텔색의 타원형을 여러 개 만들어 스프링클을 준비해요.

7 생크림 위에 스프링클을 붙여서 꾸며주세요.

8 파인애플 토핑(120p) 5~6번처럼 이쑤시개를 꽂아서 완성합니다.

케이크 초

소요시간 20분 내외
난이도 ★★★☆☆

도구 이쑤시개, 피자커터, 가위

색상 흰색, 파스텔분홍색(흰9.5+빨0.4+노0.1)
파스텔노란색(흰9.5+노0.5)
파스텔하늘색(흰9.5+파0.4+노0.1)

6번 모양처럼 위로 갈수록 좁아지게 자르고, 맨 위는 초의 심지를 표현하도록 남겨야 해요.

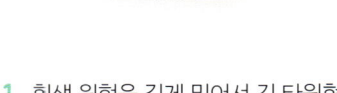

1 흰색 원형을 길게 밀어서 긴 타원형으로 만들어요.

2 타원형을 밀대로 납작하게 민 다음, 사진과 같이 이쑤시개를 올려요.

3 이쑤시개를 감싸서 접은 다음, 피자커터로 주위의 클레이를 잘라내요.

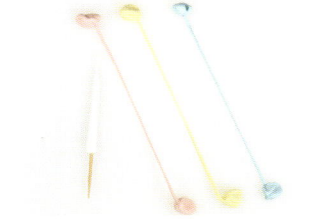
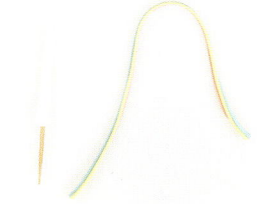

4 손가락으로 밀어 매끈하게 정리해서 흰색 심재를 만들어요.

5 파스텔분홍색, 파스텔노란색, 파스텔하늘색 클레이를 쭉 늘려 긴 줄로 만들어요.

6 긴 줄 3개를 모아서 붙여요.

윗부분은 감지않고 남겨서 초의 심지를 표현해요.

7 한쪽 끝에서부터 살짝 비틀어 꼬아서 꽈배기 줄을 만들어요.

8 심재의 아래쪽부터 위쪽으로 감아서 붙여요.

9 이쑤시개의 뾰족한 끝을 잘라 내면 케이크 초가 완성됩니다.

마카롱 꼬끄

소요시간 20분 내외
난이도 ★★★☆☆

도구 송곳, 자석, 목공풀, 가위
색상 파스텔분홍색(흰9.5+빨0.4+노0.1)
　　　 파스텔노란색(흰9.5+노0.5), 흑갈색(노3.5+빨3.5+검3)
　　　 베이지색(흰9.5+노0.2+빨0.2+검0.1)
팁 자석 장난감 만드는 법(14p)을 참조하세요.

1 파스텔분홍색과 파스텔노란색 원형을 준비해요.

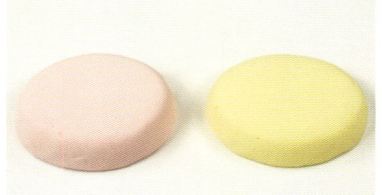

2 적당한 두께로 누른 다음, 아래쪽을 꼬집듯 매만져 윤곽을 또렷하게 해요.

3 아래쪽 가장자리를 송곳으로 긁어 꼬끄의 질감을 표현합니다.

4 꼬끄를 뒤집어서 꼬끄 안쪽에 목공풀로 자석을 붙여 주세요.

5 흑갈색 꼬끄도 1~3번과 같은 방법으로 2개 만들어요.

6 베이지색 클레이를 쭉 늘려 긴 줄로 만들어요.

7 긴 줄을 지그재그로 붙여서 크림을 표현해요.

8 꼬끄를 뒤집어서 꼬끄 안쪽에 목공풀로 자석을 붙여 주세요.

9 완전히 말리면 자유롭게 마카롱을 만들 수 있는 꼬끄가 완성됩니다.

마카롱 필링

소요시간 20분 내외
난이도 ★★★☆☆

도구 자석, 목공풀

색상 분홍색(흰8.5+빨1.5), 밝은노란색(노8+흰2)
하늘색(흰9+파1), 우유색(흰9.9+노0.1)
황토색(흰8.5+빨1.2+검0.3), 흰색

팁 자석 장난감 만드는 법(14p)을 참조하세요.

1. 분홍색, 밝은노란색, 하늘색, 우유색 원형을 준비해요.

2. 원형을 모아 붙인 다음, 하프 믹스 기법(9p)으로 섞어요.

3. 원형으로 만든 다음, 필링 두께로 납작하게 눌러요.

4. 위아래에 자석을 붙여서 필링을 만든 다음, 완전히 말려 주세요.

5. 같은 방법으로 황토색과 우유색을 섞어서 필링을 만들어요.

6. 흰색 원형을 원하는 필링 두께로 납작하게 눌러서 준비해요.

7. 스프링클 초콜릿(95p) 16~18번처럼 흰색 생크림을 만들어서 둘러 붙여요.

8. 위아래에 자석을 붙여서 생크림 필링을 만든 다음, 완전히 말려 주세요.

9. 꼬끄 사이에 필링을 넣어 자유롭게 마카롱을 만들어 보세요.

자석을 붙였다 뗐다 하며 마카롱 만들기 놀이를 할 수 있어요.

3단 아이스크림

소요시간 40분 내외
난이도 ★★★★☆

도구 자석, 목공풀, 칼 도구
색상 파스텔분홍색(흰9.5+빨0.4+노0.1), 파스텔노란색(흰9.5+노0.5)
흑갈색(노3.5+빨3.5+검3), 파스텔색(11p), 우유색(흰9.9+노0.1)
밝은황토색(흰7+황토3) ✻황토색(노8.5+빨1.2+검0.3)
팁 자석 장난감 만드는 법(14p)을 참조하세요.

1 흑갈색, 파스텔분홍색, 파스텔노란색 원형을 서로 다른 크기로 준비해요.

2 흑갈색과 파스텔분홍색은 손바닥으로 살짝 누르고, 파스텔노란색은 끝이 뾰족한 반구 모양으로 빚어요.

3 납작한 원형은 위아래에 목공풀로 자석을 붙이고, 반구는 편평한 부분에만 자석을 붙여요.

4 파스텔색의 타원형을 여러 개 만들어 스프링클을 준비해요.

5 흑갈색 옆면에 스프링클을 빙 둘러 붙여요.

6 흑갈색 클레이를 손톱으로 조금씩 떼어 크런치를 준비해요.

7 파스텔분홍색 옆면에 크런치를 빙 둘러 붙여요.

8 우유색 원형을 납작하게 눌러요.

9 칼 도구로 올록볼록하게 눌러 주세요.

10 파스텔노란색 반구 위에 얹어서 크림을 표현합니다.

11 파스텔색 원형을 납작하게 눌러서 스프링클을 준비해요.

12 크림 위에 스프링클을 붙여서 꾸며주세요.

13 초코, 딸기, 바닐라맛 아이스크림이 완성되었습니다.

14 밝은황토색 원형을 밀어서 물방울 모양으로 만들어요.

15 양쪽 끝을 편평하게 매만져 윗면이 넓은 원기둥 모양으로 만들어요.

16 원기둥의 넓은 부분에 목공풀로 자석을 붙여요.

17 옆면을 칼 도구로 자국 내 콘의 무늬를 표현합니다.

18 콘과 아이스크림을 완전히 말려 주세요.

> 자석을 붙였다 뗐다 하며 아이스크림 만들기 놀이를 할 수 있어요.

19 차례로 쌓으면 3단아이스크림이 완성됩니다.

체리아이스크림

소요시간 50분 내외
난이도 ★★★★★

도구 자석, 목공풀, 밀대, 가위, 칼 도구, 도트봉
색상 밝은초록색(초록8+흰2) ✻ 초록색(노6+파4)
고동색(노5+빨3+검2), 우유색(흰9.9+노0.1), 빨간색
밝은황토색(흰7+황토3) ✻ 황토색(노8.5+빨1.2+검0.3)
팁 자석 장난감 만드는 법(14p)을 참조하세요.

1 밝은초록색, 고동색, 우유색 원형을 서로 다른 크기로 준비해요.

2 밝은초록색과 고동색은 손바닥으로 살짝 누르고, 우유색은 끝이 뾰족한 반구 모양으로 빚어요.

3 납작한 원형은 위아래에 목공풀로 자석을 붙이고, 반구는 편평한 부분에만 자석을 붙여요.

4 고동색 원형을 길게 밀어서 긴 타원형으로 만들어요.

5 밀대를 사용해 아주 납작하게 밀어 줍니다.

모양이 예쁘지않아도 괜찮아요.

6 납작해진 클레이를 가위로 길쭉하게 조각조각 잘라요.

검지로 쓱 밀어 주면 돌돌 말려요.

7 조각난 클레이를 돌돌 말아서 얇은 초콜릿 조각을 표현해요.

8 밝은초록색 옆면에 초콜릿 조각을 빙 둘러 붙여요.

9 고동색과 우유색으로 긴 줄을 2개씩 준비해요.

10 긴 줄을 옆으로 쭉 모아 붙여요.

11 줄의 방향을 따라 밀대로 얇게 밀었다 접었다를 반복하면 색이 자연스럽게 섞여요.

12 초콜릿 조각(6~7)과 같은 방법으로 믹스 초콜릿 조각을 만들어요.

13 고동색 옆면에 믹스 초콜릿 조각을 빙 둘러요.

14 고동색 원형을 납작하게 누른 다음, 칼 도구로 올록볼록하게 눌러요.

15 우유색 반구 위에 얹어서 초코 크림을 표현합니다.

16 빨간색 원형을 준비해요.

17 초코 크림 위를 도트봉으로 눌러서 홈을 만들어요.

18 홈에 빨간색 원형을 얹어서 체리를 표현합니다.

19 녹차, 초코, 바닐라 아이스크림이 완성되었어요.

20 3단아이스크림(127p) 14~17번처럼 콘을 준비해요.

21 콘과 아이스크림을 완전히 말린 다음, 차례로 쌓으면 체리아이스크림이 완성됩니다.

햄버거빵

소요시간 20분 내외
난이도 ★★★☆☆

도구 칼 도구, 자석, 목공풀, 붓, 파스텔
색상 밝은황토색(흰7+황토3) ✻황토색(노8.5+빨1.2+검0.3)
베이지색(흰9.5+노0.2+빨0.2+검0.1)
팁 자석 장난감 만드는 법(14p)을 참조하세요.

1 밝은황토색 원형을 서로 다른 크기로 준비해요.

2 손가락으로 꼬집듯 매만져 큰 원형은 반구로, 작은 원형은 짧은 원기둥 모양으로 만들어요.

3 반구의 윗부분을 칼 도구로 가운데를 가르듯 자국을 깊게 냅니다.

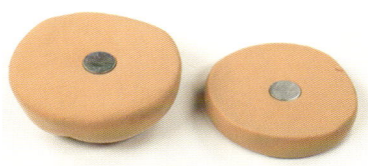

4 반구의 편평한 부분에 목공풀로 자석을 붙이고, 짧은 원기둥도 한쪽 면에 자석을 붙여요.

5 붓에 갈색 파스텔을 묻혀 빵의 곳곳을 색칠해 주세요.

6 베이지색 물방울 모양을 여러 개 준비합니다.

7 물방울을 깨처럼 빵 위에 붙인 다음, 완전히 말리면 완성됩니다.

8 빵에 자국을 내지 않은 모양으로도 만들어 보세요.

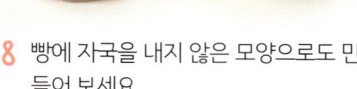

햄버거 속재료(131~134p)를 준비하여 나만의 햄버거를 만들어 보세요.

고기 패티

소요시간 30분 내외
난이도 ★★★☆☆

도구 솔 도구, 자석, 목공풀
색상 고동색(노5+빨3+검2)
 진주황색(주황9.9+검0.1) ✱주황색(노8+빨2)
팁 자석 장난감 만드는 법(14p)을 참조하세요.

소고기 패티

💬 햄버거빵과 크기가 같거나 살짝 크게 만들어 주세요.

1 고동색 원형을 손바닥으로 눌러 납작하게 만들어요.

2 옆면을 솔 도구로 두드려 패티의 질감을 표현해요.

3 패티 위아래에 목공풀로 자석을 붙인 다음, 완전히 말리면 완성됩니다.

닭고기 패티

💬 햄버거빵과 크기가 같게 만들어요.
💬 엄지와 검지 사이에 놓고 한두 번 문지르면 말린 모양이 나와요.

1 진주황색 원형을 손바닥으로 눌러 납작하게 만들어요.

2 진주황색 클레이를 손가락으로 조금씩 떼어 튀김옷을 준비해요.

3 옆면에 튀김옷을 빙 둘러서 붙여요.

4 위아래로 살짝 올라올 정도로만 붙여서 닭고기 패티를 표현해요.

5 패티 위아래에 목공풀로 자석을 붙인 다음, 완전히 말리면 완성됩니다.

슬라이스 재료들

소요시간 30분 내외
난이도 ★★★☆

도구 밀대, 피자커터, 가위, 자석, 목공풀, 도트봉, 빨대
색상 흰분홍색(흰9.7+빨0.3), 팥색(빨7+흰2+파1)
빨간색, 연두색(노9+파1), 진노란색(노9.8+빨0.2)
팁 자석 장난감 만드는 법(14p)을 참조하세요.

양파 토핑

1 흰분홍색 원형을 납작하게 누른 다음, 꼬집듯 매만져 짧은 원기둥을 만들어 주세요.

2 팥색으로 긴 줄을 만든 다음, 밀대로 납작하게 밀어요.

3 피자커터를 이용해 짧은 원기둥 두께로 잘라서 양파 껍질을 준비해요.

4 흰분홍색 원기둥에 양파 껍질을 둘러 붙여 주세요.

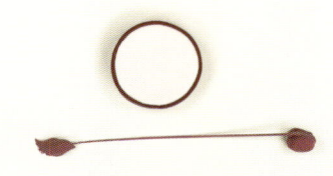

5 팥색 클레이를 쭉 늘려 얇은 줄을 만들어요.

6 얇은 줄을 동그랗게 붙여서 양파의 겹을 표현해요.

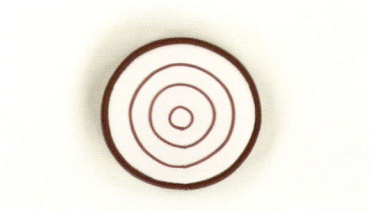

7 같은 방법으로 안쪽으로 더 붙여서 슬라이스 양파를 완성합니다.

8 양파 위아래에 목공풀로 자석을 붙인 다음, 완전히 말리면 완성됩니다.

토마토 토핑

1 빨간색 원형을 납작하게 눌러서 준비해요.

2 손가락으로 꼬집듯 매만져 짧은 원기둥을 만들어요.

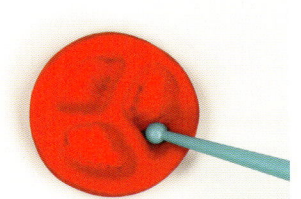
3 도트봉으로 눌러서 부채꼴 모양의 홈을 3개 만들어 주세요.

4 연두색과 빨간색을 그라데이션 기법(9p)으로 섞어서 원형을 만들어요.

5 그라데이션 원형을 밀어서 물방울 모양으로 만들어요.

6 납작하게 누르고 부채꼴 모양으로 매만져요.

작은 빨대를 세로로 반을 자르면 더욱 촘촘하게 표현할 수 있어요.

7 홈 안에 붙인 다음, 작은 빨대로 콕콕 찍어서 속살을 표현해요.

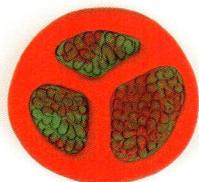
8 나머지 홈도 마찬가지로 속살을 채워서 슬라이스 토마토를 완성합니다.

9 토마토 위아래에 목공풀로 자석을 붙인 다음, 완전히 말리면 완성됩니다.

치즈 토핑

1 진노란색 원형을 밀대로 밀어서 원하는 치즈 두께로 만들어요.

2 피자커터를 이용해 정사각형으로 잘라서 슬라이스 치즈를 준비해요.

3 윗면에 목공풀로 자석을 붙인 다음, 완전히 말리면 완성됩니다.

양상추

소요시간 20분 내외
난이도 ★★★☆☆

도구 꽃 밀대 또는 이쑤시개, 자석, 목공풀
색상 연두색(노9+파1), 밝은연두색(연두8+흰2)
  파스텔연두색(흰9.5+연두0.5) ✽연두색(노9+파1)
팁 자석 장난감 만드는 법(14p)을 참조하세요.

햄버거빵과 같은 크기로 만들어 주세요.

1 연두색, 밝은연두색, 파스텔연두색 원형을 준비해요.

2 그라데이션 기법(9p)으로 섞어서 원형을 만들어요.

3 그라데이션 원형을 납작하게 눌러 주세요.

4 가장자리를 꽃 밀대나 이쑤시개로 촘촘히 굴리듯 눌러서 주름을 만들어요.

5 윗면에 목공풀로 자석을 붙인 다음, 완전히 마르면 완성됩니다.

식빵

소요시간 20분 내외
난이도 ★★★☆☆

도구 솔 도구, 자석, 목공풀, 붓, 파스텔
색상 연미색(흰9.7+노0.3)

팁 자석 장난감 만드는 법(14p)을 참조하세요.

1 연미색 원형을 준비해요.

2 원형을 손가락으로 살짝 밀어 타원형으로 만들어요.

3 타원형을 세 조각으로 잘라 줍니다.

4 조각들의 밑면과 옆면을 꼬집듯 매만져 각을 또렷하게 만들어요.

클레이 표면이 매끄럽지 않아도 괜찮아요.

5 안쪽 면을 솔 도구로 눌러서 질감을 표현해요.

6 식빵 가운데 조각은 양면에 자석을, 양옆은 안쪽에만 자석을 붙여요.

7 겉면에 갈색 파스텔을 칠하여 노릇노릇함을 표현해요.

8 완전히 마르면 장난감 칼로 식빵 자르기 놀이를 할 수 있어요.

엄마표 장난감부터 초중등 방과후 수업, 미니어처 취미까지
봄다방의 큐트 클레이 - 소꿉놀이
ⓒ봄다방 김민정 2020

초판1쇄 발행 2020년 8월 28일
초판2쇄 발행 2023년 1월 6일

지은이 봄다방 김민정

펴낸이 김재룡
펴낸곳 도서출판 슬로래빗

출판등록 2014년 7월 15일 제25100-2014-000043호
주소 (04790) 서울시 성동구 성수일로 99 서울숲AK밸리 1501호
전화 02-6224-6779
팩스 02-6442-0859
e-mail slowrabbitco@naver.com
인스타그램 instagram.com/slowrabbitco

기획 강보경   편집 김가인   디자인 변영은 miyo_b@naver.com

값 13,000원
ISBN 979-11-86494-60-8 13630

「이 도서의 국립중앙도서관 출판시도서목록(CIP)은 서지정보유통지원시스템 홈페이지(http://seoji.nl.go.kr)와 국가자료공동목록시스템(http://www.nl.go.kr/kolisnet)에서 이용하실 수 있습니다. (CIP제어번호 : CIP2020033614)」

● 잘못된 책은 구입하신 곳에서 바꾸어 드립니다.
● 이 책은 저작권법에 의해 보호를 받는 저작물이므로 허락 없이 복제하거나 다른 매체에 옮겨 실을 수 없습니다.
● 슬로래빗은 독자 여러분의 다양하고 참신한 원고를 항상 기다리고 있습니다. 보내실 곳 slowrabbitco@naver.com